中等职业教育课程改革国家规划新教材配套教学用书

化学练习册
（基础版）

本 册 主 编　刘堂树
本册副主编　袁先胜　吕　伟
编 写 人 员　宋立新　叶桂容　胡勇兵
　　　　　　李临渊　陶建雄　王　涛

北京理工大学出版社
BEIJING INSTITUTE OF TECHNOLOGY PRESS

版权专有　侵权必究

图书在版编目（CIP）数据

化学练习册：基础版 / 刘堂树主编. —北京：北京理工大学出版社，2017.8 重印
 ISBN 978-7-5640-9835-3

Ⅰ. ①化… Ⅱ. ①刘… Ⅲ. ①化学课 - 中等专业学校 - 习题集 Ⅳ. ① G634.85

中国版本图书馆 CIP 数据核字第 227521 号

出版发行 / 北京理工大学出版社有限责任公司
社　　址 / 北京市海淀区中关村南大街 5 号
邮　　编 / 100081
电　　话 /（010）68914775（总编室）
　　　　　（010）82562903（教材售后服务热线）
　　　　　（010）68948351（其他图书服务热线）
网　　址 / http：//www.bitpress.com.cn
经　　销 / 全国各地新华书店
印　　刷 / 北京金特印刷有限责任公司
开　　本 / 787 毫米 ×1092 毫米　1/16
印　　张 / 9.75
字　　数 / 228 千字
版　　次 / 2017 年 8 月第 1 版第 2 次印刷
定　　价 / 25.00 元

责任编辑 / 张荣君
文案编辑 / 张荣君
责任校对 / 周瑞红
责任印制 / 边心超

图书出现印装质量问题，请拨打售后服务热线，本社负责调换

前　言

随着职业教育的发展，我国的人才观念也发生了很大的变化。高等职业教育，以其求实的培养目标为社会输送了大批的实用型高级人才，现已受到人们的普遍关注。然而高职考试虽然已开展多年，但能供考生选用的辅导资料却一直为空白。虽然普通高考的指导丛书叠山积海，但此类书籍的针对性、难易度等方面，高职考生均不宜借鉴。为了帮助广大中等职业学校学生顺利进入高等职业院校学习，应广大师生的强烈要求，我们依据教育部最新颁布的《中等职业学校教学大纲（试行）》和研究各省市高等职业考试及命题思路的基础上，本着"立足两纲，突出能力，强化训练"的宗旨，组织了一批长期在教学一线的骨干教师、学科带头人编写了这本针对学生实际的、难易度适中的，紧扣高职考试的有效复习指导用书。

本书充分结合中等职业教育特点，考虑到学生发展不平衡的实际状况，本着基础性、科学性、规范性、趣味性和实效性的原则，采用课课练的形式，循序渐进，拾级而上，旨在与课堂教学同步，帮助学生实现知识的积累和能力的提高。

本书依据最新的资格考试考纲，全面、系统地涵盖了高中阶段的知识要点，侧重能力培养，侧重高考导向，既利于教师指导，又注重考试实效，深入浅出地向学生点拨了学习方法。并通过高质量的习题训练，突出了知识的运用，实现了知识的迁移，也便于学生分阶段进行检测。

本书的策划和编者得到了湖北省教育厅相关部门领导的大力支持，以及多位资深专家的悉心指导，在此我们深表感谢！

由于编者水平有限，书中不足之处在所难免，恳请广大师生及时提出宝贵的意见与建议，我们将不胜感激。

编　者

目 录

第一章 物质结构 元素周期表 1
  第一节 原子结构 1
  第二节 元素周期律 元素周期表 4
  第三节 化学键 6
  第一章检测题 8

第二章 物质的量 11
  第一节 物质的量及其单位 11
  第二节 气体摩尔体积 14
  第三节 物质的量浓度 17
  第四节 热化学方程式及反应热 20
  第二章检测题 21

第三章 重要的非金属元素及其化合物 24
  第一节 卤素 24
  第二节 硫 27
  第三节 氮 31
  第四节 硅 34
  第五节 氧化还原反应 36
  第三章检测题 40

第四章 化学反应速率和化学平衡 43
  第一节 化学反应速率 43
  第二节 化学平衡 46
  第四章检测题 49

第五章 电解质溶液 53
  第一节 强弱电解质 53
  第二节 水的离子积和溶液的pH值 55
  第三节 离子反应 57
  第四节 盐的水解 59

第五章检测题 ·· 61

第六章　重要的金属及其化合物 ························· 65
　　第一节　金属元素概述 ·· 65
　　第二节　钠 ·· 67
　　第三节　铝 ·· 70
　　第四节　铁 ·· 73
　　第五节　原电池 ·· 76
　　第六章检测题 ·· 78

第七章　烃 ··· 81
　　第一节　有机化合物概述 ·· 81
　　第二节　烷烃 ··· 82
　　第三节　烯烃 ··· 85
　　第四节　炔烃 ··· 88
　　第五节　芳香烃 ·· 90
　　第七章检测题 ·· 92

第八章　烃的衍生物 ··································· 96
　　第一节　乙醇 ··· 96
　　第二节　苯酚 ··· 98
　　第三节　乙醛和丙酮 ··· 100
　　第四节　乙酸和乙酸乙酯 ·· 103
　　第八章检测题 ·· 106

第九章　糖和蛋白质 ··································· 110
　　第一节　糖 ·· 110
　　第二节　蛋白质 ·· 113
　　第九章检测题 ·· 115

第十章　有机高分子材料 ··························· 118
　　检测题 ·· 118

综合测试题(一) ·· 122

综合测试题(二) ·· 125

参考答案 ·· 128

第一章 物质结构 元素周期律

第一节 原子结构

一、填空题

1. $_Z^A X$ 表示的含义是_____。

2. 核外电子总是先排布在_____,然后依次排布在_____。

3. 各电子层最多容纳的电子数不超过_____;最外层电子数不超过_____（K 层为最外层时不超过____个）;次外层电子数不超过_____;倒数第三层电子数不超过_____。

二、选择题

1. 元素的化学性质主要决定于原子的(　　)。

    A. 质子数　　　　B. 中子数　　　　C. 核外电子数　　　　D. 最外层电子数

2. $_6^{13}C$—NMR(核磁共振)可以用于含碳化合物的结构分析,$_6^{13}C$ 表示的碳原子(　　)。

    A. 核外有 13 个电子

    B. 核内有 6 个质子,核外有 7 个电子

    C. 质量数为 13,原子序数为 6,核内有 7 个质子

    D. 质量数为 13,原子序数为 6,核内有 7 个中子

3. 下列关于 $_{20}^{42}Ca$ 的叙述中,错误的是(　　)。

    A. 质子数为 20　　　　　　　　B. 电子数为 20

    C. 中子数为 20　　　　　　　　D. 质量数为 42

4. 某元素二价阳离子核外有 18 个电子,质量数为 40,该元素原子的原子核中的中子数为(　　)。

    A. 18　　　　B. 16　　　　C. 14　　　　D. 20

5. 有 NH_3、CH_4、H_2O 三种分子,其分子中所含质子数关系为(　　)。

    A. $NH_3 = CH_4 = H_2O$　　　　　　B. $NH_3 > CH_4 > H_2O$

    C. $NH_3 < CH_4 < H_2O$　　　　　　D. $NH_3 > H_2O > CH_4$

6. 某元素原子的原子核外有三个电子层,最外层有 5 个电子,该原子核内的质子数为(　　)。

A. 14　　　　　B. 15　　　　　C. 16　　　　　D. 17

7. 1994年12月科学家发现了一种元素,它的原子核内有161个中子,质量数为272,该元素的原子核内中子数与核外电子数之差为(　　)。

A. 111　　　　B. 50　　　　　C. 61　　　　　D. 11

8. 与 OH⁻ 具有相同质子数和电子数的微粒是(　　)。

A. F^-　　　B. Cl^-　　　C. NH_3　　　D. NH_4^+

9. 下列各电子层中容纳电子数最多的是(　　)。

A. K层　　　B. N层　　　C. L层　　　D. M层

10. 电子在核外运动时,离核最近能量最低的是(　　)。

A. N层　　　B. M层　　　C. L层　　　D. K层

11. 比核电荷数为11的元素的原子少一个电子而又多两个质子的微粒是(　　)。

A. Ne　　　　B. Na^+　　　C. Mg^{2+}　　　D. Al^{3+}

12. $_1^1H$、$_1^2H$、$_1^3H$、H^+、H_2 是(　　)。

A. 氢元素的5种同位元素　　　　B. 5种氢元素

C. 氢的5种同分异构体　　　　　D. 氢的5种不同微粒

13. 关于同位素的说法正确的是(　　)。

A. 质量数相同,质子数相同,化学性质几乎相同

B. 质量数相同,质子数不同,化学性质几乎相同

C. 质量数不同,质子数相同,化学性质不同

D. 质量数不同,质子数相同,化学性质几乎相同

三、应用题

1. 画出下列各微粒的电子排布示意图。

    (1) 与氖原子电子层结构相同的+2价阳离子。_____

    (2) 最外层电子数为次外层电子数的3倍的原子。_____

    (3) L层电子数为K层、M层电子数之和的原子。_____

2. 填表。

符号	质子数	中子数	质量数	电子数	核电荷数
K	19	20			
Al^{3+}			27	10	
O^{2-}		8			8

3. A元素的L层比B元素的L层少3个电子,B元素原子的核外电子数比A元素多5个,由此可知,A是_____,B是_____。

4. 在 $_3^6Li$、$_7^{14}N$、$_{11}^{23}Na$、$_{12}^{24}Mg$、$_3^7Li$、$_6^{14}C$ 中

(1)互为同位素的是_____和_____；

(2)质量数相等，但不为同位素的是_____和_____；

(3)中子数相等，质子数不相等的是_____和_____。

第二节　元素周期律　元素周期表

一、填空题

1. 原子序数在数值上跟原子的_____、_____、_____相等,随着原子序数的递增,原子的_____、_____、_____都会发生周期性变化。

2. 某元素原子核外有 3 层电子,该元素最高正化合价与最低负化合价绝对值相等,则这种元素名称是_____,元素符号为_____,氢化物为_____。

3. 根据 1~9 号的元素(除稀有气体元素外)单质及其化合物的性质,在下列空格处填写元素符号或化学式。
   (1)_____元素原子半径最小;_____元素原子半径最大。
   (2)金属性最强的元素是_____;非金属性最强的元素是_____。
   (3)最稳定的气态氢化物是_____。

4. 具有双核 10 个电子的共价化合物的化学式是_____;三核 10 个电子的共价化合物的化学式是_____;四核 10 个电子的共价化合物的化学式是_____;五核 10 个电子的共价化合物的化学式是_____。

5. x 和 y 是原子序数小于 18 的元素,x 原子比 y 原子多 1 个电子层;x 原子的最外电子层中只有 1 个电子;y 原子的最外电子层中有 7 个电子,这两种元素形成的化合物的化学式是_____。

二、选择题

1. 在下列元素中,原子半径最小的是(　　)。
   A. N　　　　B. F　　　　C. Mg　　　　D. Cl

2. 原子序数从 3~10 的元素,随着核电荷数的递增而逐渐增大的是(　　)。
   A. 电子层数　　　　B. 核外电子数
   C. 原子半径　　　　D. 化合价

3. 元素 x 原子的最外层有 3 个电子,元素 y 原子的最外层有 6 个电子,这两种元素形成的化合物的化学式可能是(　　)。
   A. xy_2　　　　B. x_2y_3　　　　C. x_3y_2　　　　D. x_2y

4. 下列各组元素中,按原子序数逐渐增加,半径逐渐增大顺序排列的是(　　)。
   A. Na Mg Al Si　　B. Cl S P Si　　C. F Cl Br I　　D. H F Cl Na

5. 下列元素中最高正价与最低负价绝对值的差等于 6 的是(　　)。
   A. N　　　　B. S　　　　C. F　　　　D. Cl

6. 已知某元素的原子序数为 15,推论该元素在周期表中的位置(　　)。

A. 第二周期ⅦA　　B. 第五周期ⅢA　　C. 第三周期ⅤA　　D. 第二周期ⅤA

7. 元素原子的价电子指的是(　　)。

　　A. 最外层电子　　B. 核外电子　　C. 质子数　　D. 得失电子数

8. 主族元素的最高正价等于(　　)。

　　A. 主族序数　　B. 周期序数　　C. 核外电子数　　D. 原子序数

9. Na 和 Na^+ 两种粒子中,不相同的是(　　)。

　　①核内质子数　②核外电子数　③最外层电子数　④核外电子层数

　　A. ①②　　B. ②③　　C. ③④　　D. ②③④

10. 已知金属元素 A、B 在同一主族,A 在 B 的下一周期,则下列说法正确的是(　　)。

　　A. 原子半径 B＞A　　　　　　　B. 金属性 A＞B

　　C. 最高价氧化物水化物碱性 B＞A　　D. 原子序数 A＜B

11. 下列各组化合物中的性质比较,不正确的是(　　)。

　　A. 酸性　$HNO_3 < H_3PO_4$　　　　B. 碱性　$Ba(OH)_2 > Ca(OH)_2$

　　C. 碱性　$NaOH > Mg(OH)_2$　　　D. 酸性　$HClO_4 > HBrO_4$

12. 根据硼在元素周期表中的位置来推测硼的最高价含氧酸化学式不可能是(　　)

　　A. H_2BO_4　　B. H_3BO_3　　C. HBO_2　　D. $H_2B_4O_7$

三、判断题(正确的在括号内打"√";错误的在括号内打"×")

1. 在周期表中,主族元素所在的族序数等于原子核外电子数。　　(　　)

2. 在周期表中,元素所在的周期数等于原子核外电子层数。　　(　　)

3. 最外层电子数为 8 的粒子是稀有气体元素的原子。　　(　　)

4. 元素的原子序数越大,其原子半径也越大。　　(　　)

第三节　化学键

一、填空题

1. 用电子式表示下列物质的形成过程。

    (1) $MgCl_2$ _____

    (2) KBr _____

    (3) H_2O _____

    (4) NH_3 _____

2. 在 $NaCl$、$NaOH$、Na_2O_2、N_2、H_2S、H_2O_2 中，只含有离子键的是_____，只含有极性键的是_____，只含有非极性键的是_____，既含有离子键又含有极性键的是_____，既含有离子键又含有非极性键的是_____，既含有极性键又含有非极性键的是_____。

二、选择题

1. 下列各数值表示有关元素的原子序数，其所表示的各原子组中能以离子键相互结合成稳定化合物的是（　　）

    A. 10 与 19　　　B. 6 与 16　　　C. 11 与 17　　　D. 14 与 8

2. 下列物质中不存在共价键的是（　　）

    A. $CsCl$　　　B. KOH　　　C. Na_2SO_4　　　D. Na_2O_2

3. 下列物质中只有共价键的是（　　）

    A. $NaOH$　　　B. $NaCl$　　　C. H_2　　　D. Na_2S

4. 下列电子式正确的是（　　）

    A. Ca^{2+}　$Ca:$　　B. Cl^-　$[\cdot\ddot{C}l:]^-$　　C. H_2O　$H^+[:\ddot{O}:]^{2-}H^+$　　D. H_2　$H:H$

5. 下列叙述正确的是（　　）

    A. 化学键只存在于分子间

    B. 化学键只存在于离子间

    C. 化学键是相邻原子间强烈的相互作用

    D. 化学键是相邻分子间强烈的相互作用

6. 下列判断不正确的是（　　）

    A. CO_2 不具有可燃性　　　B. HCl 是共价化合物

    C. 纯碱是碳酸盐　　　D. $NaCl$ 是离子化合物

7. 下列各组物质中，化学键类型相同的是（　　）

    A. HI 和 NaI　　　B. H_2S 和 K_2S　　　C. Cl_2 和 CCl_4　　　D. F_2 和 $NaBr$

8. 由核外电子排布相同的离子所形成的化合物是(　　)

　　A. MgBr₂　　　　　B. NaCl　　　　　C. KF　　　　　D. K₂S

三、判断题(正确的在括号内打"√";错误的在括号内打"×")

1. 含有共价键的化合物一定是共价化合物。　　　　　　　　　　　　　　(　　)
2. 在共价化合物中一定含有共价键。　　　　　　　　　　　　　　　　　(　　)
3. 含有离子键的化合物一定是离子化合物。　　　　　　　　　　　　　　(　　)
4. 双原子分子中的共价键一定是极性键。　　　　　　　　　　　　　　　(　　)

第一章检测题

一、选择题

1. 据报道,上海某医院正在研究放射性同位素 $^{125}_{53}\text{I}$ 治疗肿瘤,该同位素原子核内中子数与质子数之差是(　　)。

   A. 19　　　　B. 53　　　　C. 72　　　　D. 125

2. 电子总数相等的微粒叫等电子体。下列微粒中,不属于等电子体的是(　　)。

   A. NH_3 和 CH_4　　B. Ca^{2+} 与 Cl^-　　C. CO_2 和 HCl　　D. OH^- 与 NH_2^-

3. 电子在核外运动时,离核最近、能量最低的是(　　)。

   A. N 层　　　　B. M 层　　　　C. L 层　　　　D. K 层

4. 下列各组物质中的性质比较,不正确的是(　　)。

   A. 酸性:$HClO_4 > HBrO_4 > HIO_4$

   B. 稳定性:$HCl > H_2S > PH_3$

   C. 碱性:$Ba(OH)_2 > Ca(OH)_2 > Mg(OH)_2$

   D. 金属性:$Li > Na > K$

5. A、B 两种元素属于同一周期,它们的原子能以共价键结合成化学式为 AB_2 型分子,A、B 元素在周期表中的族序数可能为(　　)。

   A. ⅠA　　ⅤA　　B. ⅠA　　ⅦA　　C. ⅣA　　ⅥA　　D. ⅡA　　ⅦA

6. 下列电子式中,正确的是(　　)。

   A. N⋮⋮N　　B. :N⋮⋮N:　　C. $H^+[\overset{..}{\underset{..}{O}}]^{2-}H^+$　　D. $Na^+[\overset{..}{\underset{..}{\text{Cl}}}\,]^-$

7. 下列说法正确的是(　　)。

   A. 失电子难的原子获得电子能力一定强

   B. 两个原子之间的相互作用叫化学键

   C. 离子化合物中可能含共价键

   D. 共价化合物中可能含离子键

8. 下列物质相同浓度的稀溶液,酸性最强的是(　　)。

   A. $HClO_4$　　B. H_2SO_4　　C. H_3PO_4　　D. H_2SeO_4

9. 下列物质相同浓度的稀溶液,碱性最强的是(　　)。

   A. $NaOH$　　B. KOH　　C. $Cu(OH)_2$　　D. $Al(OH)_3$

10. 下列气态氢化物最稳定的是(　　)。

    A. H_2S　　B. HCl　　C. HBr　　D. HI

11. 第 3、4、5 周期中ⅡA 族元素与ⅢA 族元素的原子序数之差分别是(　　)。

A. 1,1,11　　　　B. 11,11,25　　　　C. 1,11,25　　　　D. 1,11,11

12. 镭是第七周期ⅡA族元素,下列有关镭及其化合物性质的叙述中,正确的是(　　)。
   A. 在化合物中镭为-2价　　　　B. 镭的氢氧化物是弱碱
   C. 镭单质易与水反应放出 H_2　　　　D. 硫酸镭易溶于水

13. 铜有两种天然同位素 $^{63}_{29}Cu$ 和 $^{65}_{29}Cu$,已知铜的相对原子质量为 63.5,则 $^{63}_{29}Cu$ 的物质的量分数是(　　)。
   A. 75%　　　　B. 25%　　　　C. 50%　　　　D. 45%

14. 以下互为同位素的是(　　)。
   A. 石墨和金刚石　　B. D_2 和 T_2　　C. CO 和 CO_2　　D. $^{35}_{17}Cl$ 和 $^{37}_{17}Cl$

15. 下列各组物质的比较中,正确的是(　　)。
   ① 酸性 $HClO_4 > HBrO_4 > HIO_4$　　② 碱性 $Ba(OH)_2 > Mg(OH)_2 > Be(OH)_2$
   ③ 氧化性 F > Si > O　　④ 稳定性 $HCl > H_2S > SiH_4$
   A. ①②③　　　　B. ②③④　　　　C. ①②④　　　　D. ①③④

16. 下列关于元素周期律的递变规律不正确的是(　　)。
   A. Na、Mg、Al 还原性依次减弱　　B. I_2、Br_2、Cl_2 氧化性依次增强
   C. C、N、O 原子半径依次增大　　D. P、S、Cl 最高正价依次升高

17. 已知某元素 R 的气态氢化物的化学式为 H_2R,下列叙述中不正确的是(　　)。
   A. 该元素原子最外层有 6 个电子
   B. 该元素最高价氧化物的化学式为 RO_2
   C. 该元素一定是非金属元素
   D. 该元素最高价氧化物对应水化物的化学式为 H_2RO_4

18. 下列关于稀有气体的叙述正确的是(　　)。
   A. 原子的最外层电子都有 8 个电子
   B. 其原子与同周期ⅠA,ⅡA阳离子具有相同的核外电子排布
   C. 化学性质非常不活泼
   D. 原子半径比同周期ⅦA元素原子的原子半径小

19. 在某二价金属 R 的氢氧化物中,氢的质量分数为 2.22%,则 R 的相对原子质量为(　　)。
   A. 24　　　　B. 40　　　　C. 56　　　　D. 65

20. 已知 x 为ⅡA族元素,y 为ⅦA族元素,则由 x 与 y 组成的化合物的化学式是(　　)。
   A. xy_2　　　　B. x_2y　　　　C. x_2y_3　　　　D. x_2y_5

二、应用题

1. 用电子式表示 H_2S、NH_3、CO_2 的形成过程。

(1) H_2S _____

(2) NH_3 _____

(3) CO_2 _____

2. 写出 NaCl、MgO、O_2 的电子式。

NaCl _____ ;MgO _____ ;O_2 _____

3. 用元素符号(或化学式)回答原子序数 11~18 元素的有关问题。

(1)除稀有气体外,原子半径最大的是_____；

(2)最高价氧化物水化物碱性最强的是_____；

(3)最高价氧化物水化物呈两性的是_____；

(4)最高价氧化物水化物酸性最强的是_____；

(5)能形成气态氢化物且最稳定的是_____。

4. 3.2 g 某元素 A 的单质与氢气化合生成 3.4 g 气态氢化物 H_2A,已知 A 的原子核中质子数与中子数相等,则 A 的相对原子质量为_____,原子序数为_____,元素符号为_____,元素 A 位于元素周期表第____周期,____族,它的最高价氧化物的水化物的化学式是_____,气态氢化物的化学式是_____。

第二章 物质的量

第一节 物质的量及其单位

一、填空

1. 1 mol H_2 所含分子的个数是_____。

2. 2 mol H_2 含_____ mol H，_____个氢原子。

3. 1 mol H_2SO_4 的质量是_____，摩尔质量是_____，相对分子质量是_____。

4. 1 mol H_2SO_4 含_____个硫酸分子，_____个氢原子，_____ mol 氧原子。

5. NH_4HCO_3 的相对分子质量是_____，它的摩尔质量是_____。

6. 0.01 mol 某物质的质量为 1.08 g，此物质的摩尔质量为_____。

7. 1 mol NaOH 的质量为_____，1 mol Na_3PO_4 中含有_____ mol Na^+，含有_____ mol PO_4^{3-}。

二、选择题

1. 物质的量是指（　　）。

    A. 物质的质量

    B. 物质的微粒数目

    C. 物质的质量与微粒数目

    D. 能把物质的质量同微观粒子数目联系起来的物理量

2. 下列关于摩尔的说法正确的是（　　）。

    A. 摩尔是表示微观粒子的数量单位

    B. 摩尔是物质的量的单位

    C. 摩尔是以克为单位的质量单位

    D. 1 mol 任何物质的质量等于该物质的相对分子质量

3. 阿伏伽德罗常数的数值是（　　）。

    A. 约 6.02×10^{23} 个原子 　　　　B. 0.012 kg 碳所含的原子数

    C. 0.012 kg ^{12}C 所含的原子数　　　　D. 0.016 kg 氧所含的原子数

4. 下列叙述正确的是（　　）。

    A. 1 mol O_2 的质量是 32 g/mol

    B. SO_4^{2-} 的摩尔质量是 96 g/mol

    C. 1 mol 任何物质的质量等于该物质的相对分子质量

D. 二氧化碳的摩尔质量是44g

5. 下列叙述中不正确的是(　　)。
   A. N_A 个氢分子与 N_A 个氧分子的质量之比为1:1
   B. N_A 个水分子的质量(g)与水的摩尔质量(g/mol)在数值上相等
   C. 16 g 氧含氧原子 N_A 个
   D. 44 g CO_2 与 28 g CO 所含分子数之比为1:1

6. 1 g 氧气和1 g 臭氧中(　　)。
   A. 所含分子数相同   B. 两种气体摩尔质量相等
   C. 所含氧原子数相同   D. 两种气体的物质的量相等

7. 在 0.5 mol Na_2SO_4 中,含有 Na^+ 数约为(　　)个。
   A. $3.01×10^{23}$ B. $6.02×10^{23}$ C. 0.5   D. 1

8. 在下列物质中,其物质的量为0.2 mol 的是(　　)。
   A. 2.2 g CO_2 B. 3.6 g H_2O C. 3.2 g O_2 D. 49 g H_2SO_4

9. 19 g 某二价金属氯化物中含有 0.4 mol Cl^-,此金属氯化物的摩尔质量是(　　)。
   A. 95   B. 24 g/mol   C. 24   D. 95 g/mol

10. 在 0.5 mol $Al_2(SO_4)_3$ 中所含离子总数是(　　)。
    A. $3.01×10^{23}$ 个   B. $1.505×10^{24}$ 个   C. 0.5 mol   D. 5 mol

11. 27 g $CuCl_2$ 中含 Cl^- 的物质的量是(　　)。
    A. 0.1 mol   B. 0.2 mol   C. 0.3 mol   D. 0.4 mol

12. 1 mol 下列物质中所含氧元素质量最大的是(　　)。
    A. $KClO_3$ B. $Ba(OH)_2$ C. H_2O D. $KMnO_4$

13. 中和 20 g NaOH 需消耗 H_2SO_4 的物质的量为(　　)。
    A. 0.5 mol   B. 0.25 mol   C. 1 mol   D. 2 mol

14. 用 5.6 g Fe 与稀酸反应制 H_2,可制 H_2 的物质的量是(　　)。
    A. 0.2 mol   B. 0.3 mol   C. 0.1 mol   D. 1 mol

15. 下列各物质中,所含氢原子数目最多的是(　　)。
    A. 0.1 mol CH_4 B. 0.2 mol H_3PO_4
    C. 0.5 mol NH_3 D. 1.5 mol H_2

三、应用题

1. 计算下列物质的摩尔质量。
   Ar $AlCl_3$ H_2SO_4 $BaCO_3$ NH_4NO_3 $CuSO_4·5H_2O$

2. 计算各 10g 下列物质的物质的量。
   (1) NaOH　　(2) H_2　　(3) SO_3　　(4) Ca

3. (1) 24.5g 的 H_2SO_4 物质的量是多少？需要多少摩尔 NaOH 来中和？合多少克 NaOH？

   (2) 71 g Na_2SO_4 中含 Na^+ 和 SO_4^{2-} 的物质的量各是多少？

   (3) 制取 5 mol CO_2 需 $CaCO_3$ 质量是多少？物质的量是多少？

第二节　气体摩尔体积

一、填空题

1. 在标准状况下,0.5 mol 任何气体的体积都约为_____。

2. 2 mol O_3 和 3 mol O_2 的质量(填相等、不相等或无法判断)_____;分子数之比为_____;含氧原子数目之比为_____;在相同条件下气体的体积比约为_____。

3. 4 g H_2 与 22.4 L(标准状况)CO_2 相比,所含分子数目多的是_____;各 1.5 mol 以上两种气体相比较质量大的是_____。

4. 0.01 mol 某气体的质量为 0.44 g,该气体的摩尔质量为_____。

5. 标准状况下,112 mL 某气体的质量为 0.15 g,则其摩尔质量是_____,相对分子质量是_____。

二、选择题

1. "标准状况"指的是(　　)。

　　A. 常温常压　　　　　　　　　　B. 20℃,一个大气压

　　C. 0℃,一个大气压　　　　　　　D. 一个大气压,温度在 0℃～25℃ 之间

2. 气体摩尔体积指的是(　　)。

　　A. 22.4 L/mol

　　B. 标准状况下,1 mol 气体所占体积

　　C. 单位物质的量气体所占的体积

　　D. 在一定温度、压强下,1 mol 任何气体所占的体积

3. 在标准状况下,与 12 g H_2 的体积相等的 N_2 是(　　)。

　　A. 质量为 12 g　　　　　　　　　B. 物质的量为 6 mol

　　C. 体积为 22.4 L　　　　　　　　D. 物质的量为 12 mol

4. 在标准状况下,相同质量的下列气体中体积最大的是(　　)。

　　A. O_2　　　　B. Cl_2　　　　C. N_2　　　　D. CO_2

5. 在相同条件下,22 g 下列气体中跟 22 g CO_2 体积相等的是(　　)。

　　A. N_2O　　　B. N_2　　　　C. SO_2　　　D. CO

6. 在相同条件下,两种物质的量相同的气体必然(　　)。

　　A. 体积均为 22.4 L　　　　　　　B. 具有相同的体积

　　C. 是双原子分子　　　　　　　　D. 具有相同的原子数目

7. 下列物质中含分子数量最多的是(　　)。

　　A. 标准状况下,134.4 L 氨气　　　B. 常温常压下 55 g 二氧化碳

C. 标准状况下 7.54 mL 的水　　　　　D. $6.02×10^{24}$ 个氢分子

8. 在标准状况下,所占体积最大的是(　　)。

   A. 2 mol I_2　　　　B. 33.5 g Cl_2　　　　C. 36 g H_2O　　　　D. $6.02×10^{23}$ 个 HF 分子

9. 下列说法正确的是(　　)。

   A. 32 g O_2 所占的体积约为 22.4 L

   B. 22.4 L N_2 含阿伏伽德罗常数个氮分子

   C. 在标准状况下 22.4 L 水的质量约为 18 g

   D. 22 g 二氧化碳与标准状况下 11.2 L HCl 含有相同的分子数

10. 标准状况下,将 1g He、11g CO_2 和 4g O_2 混合,该混合气体的体积约为(　　)。

    A. 8.4L　　　　B. 14.0L　　　　C. 16.8L　　　　D. 11.2

11. 在相同温度、相同压力的条件下,下列有关比较等质量的二氧化硫气体和二氧化碳气体的叙述中正确的是(　　)。

    A. 密度比为 1∶1　　　　　　　　B. 密度比为 11∶16

    C. 体积比为 1∶1　　　　　　　　D. 体积比为 11∶16

三、判断题(正确的在括号内打"√";错误的在括号内打"×")

1. 1 mol 任何气体的体积都是 22.4 L。　　　　　　　　　　　　　　　　　(　　)

2. 在标准状况下,1 mol 任何物质所占的体积都是 22.4 L。　　　　　　　　(　　)

3. 在标准状况下,2 g H_2 的体积是 22.4 L。　　　　　　　　　　　　　　(　　)

4. 气体摩尔体积是 22.4 L。　　　　　　　　　　　　　　　　　　　　　(　　)

5. 在标准状况下,1 mol H_2SO_4 的体积是 22.4 L。　　　　　　　　　　　(　　)

四、应用题

1. 计算下列气体在标准状况下的体积。

   (1) 2.8 g CO　　(2) 44 g CO_2　　(3) 64 g SO_2　　(4) 34 g NH_3

2. 在标准状况下,100 mL 某气体的质量是 0.179 g,计算这种气体的相对分子质量。

3. 在同温同压下,两个体积相同的玻璃容器中分别盛满 N_2 和 O_2。

(1) 计算容器中 N_2 和 O_2 的物质的量之比和分子数目之比;

(2) 计算容器中 N_2 和 O_2 的质量比。

第三节 物质的量浓度

一、填空题

1. 将 40 g NaOH 配成 2 L 溶液,其物质的量浓度为_____ mol/L。

2. 标准状况下,22.4 L HCl 配成 0.5 L 盐酸,其物质的量浓度为_____。

3. 物质的量浓度为 2 mol/L H_2SO_4 溶液 500 mL,含 H_2SO_4 的物质的量为_____ mol。

4. 500 mL 2 mol/L 硫酸溶液中含有_____个硫酸根离子,氢离子的物质的量浓度是_____。

5. 配制 500 mL 1 mol/L HNO_3 溶液,需要 16 mol/L HNO_3 溶液的体积是_____。

二、选择题

1. 1 mol/L 硫酸溶液的含义是(　　)。
   A. 1 L 水中含有 1 mol H_2SO_4　　　　B. 1 L 溶液中含 1 mol H^+
   C. 将 98 g 硫酸溶于 1 L 水所配成溶液　　D. 指 1 L 硫酸溶液中含有 1 mol H_2SO_4

2. 容量瓶上需标有①温度;②浓度;③容量;④压强;⑤刻度线;⑥酸式或碱式六项中的(　　)。
   A. ①③⑤　　　　B. ③⑤⑥　　　　C. ①②④　　　　D. ②④⑥

3. 用容量瓶配制一定物质的量浓度的溶液,该容量瓶必须是(　　)。
   A. 干燥的　　　　　　　　　　　　B. 用欲配制的溶液润洗过的
   C. 瓶塞不漏水的　　　　　　　　　D. 以上三项均须要求的

4. 配制 2 L 0.5 mol/L 的 Na_2CO_3 溶液,需要 Na_2CO_3 的质量为(　　)。
   A. 900 g　　　　B. 800 g　　　　C. 286 g　　　　D. 106 g

5. 下列溶液中 Cl^- 浓度最大的是(　　)。
   A. 0.1 mol/L 的 KCl 溶液　　　　　B. 1 mol/L 的 NaCl 溶液
   C. 0.1 mol/L 的 $AlCl_3$ 溶液　　　　D. 1 mol/L 的 $MgCl_2$ 溶液

6. 将 10 mol/L 的 H_2SO_4 5 mL 稀释到 250 mL,则稀释后 H_2SO_4 的物质的量浓度为(　　)。
   A. 10 mol/L　　　B. 1 mol/L　　　C. 0.5 mol/L　　　D. 0.2 mol/L

7. 下列溶液中氯离子浓度与 50 mL 1 mol/L $AlCl_3$ 溶液中氯离子浓度相等的是(　　)。
   A. 150 mL 1 mol/L NaCl 溶液　　　　B. 75 mL 2 mol/L NH_4Cl 溶液
   C. 150 mL 1 mol/L KCl 溶液　　　　　D. 75 mL 1 mol/L $FeCl_3$ 溶液

8. 配制 2 L,1.5 mol/L Na_2SO_4 溶液,需 Na_2SO_4 固体(　　)。
   A. 213 g　　　　B. 284 g　　　　C. 400 g　　　　D. 426 g

9. 200 mL 0.2 mol/L 的 NaOH 溶液与 100 mL 0.5 mol/L 的 NaOH 溶液混合,所得 NaOH 溶液的物质的量浓度是( )。

  A. 0.3 mol/L   B. 0.35 mol/L   C. 0.7 mol/L   D. 0.4 mol/L

10. 物质的量浓度相同的 $NaCl$、$MgCl_2$、$AlCl_3$ 三种溶液,当溶液的体积相同时三种溶液中 Cl^- 的物质的量之比为( )。

  A. 1∶1∶1   B. 1∶2∶3   C. 3∶2∶1   D. 3∶4∶3

11. 下列说法正确的是( )。

  A. 1 mol/L 的 NaCl 溶液是指此溶液中含有 1 mol NaCl

  B. 从 1 L 0.5 mol/L 的 NaCl 的溶液中取出 100 mL 溶液,其物质的量浓度变为 0.1 mol/L

  C. 0 ℃ 1 mol 的 Cl_2 的体积约为 22.4 L

  D. 1 mol/L 的 $CaCl_2$ 溶液中,Cl^- 的物质的量浓度为 2 mol/L

12. 将 4 g NaOH 溶解在 100 mL 水中,再稀释成 1 L,从中取出 10 mL,这 10 mL 溶液的物质的量浓度( )。

  A. 1 mol/L   B. 0.1 mol/L   C. 0.01 mol/L   D. 10 mol/L

三、应用题

1. 配制 0.1 mol/L 盐酸溶液 500 mL,请按操作顺序将其序号(①②③…)填在操作前的括号内,并在横线上填写适当的仪器名称、操作方法或数字。

( )在盛盐酸的烧杯中注入蒸馏水(溶液体积 100 mL 左右)用玻璃棒搅拌,使其均匀混合

( )待稀释的盐酸冷却后,沿玻璃棒注放 500 mL 容量瓶中

( )用量筒量取密度为 1.19 g/cm^3 质量分数 37% 的浓盐酸约(取整数)_____ mL 注入烧杯中

( )用蒸馏水洗涤烧杯 2~3 次,将洗涤液注入容量瓶中

( )往容量瓶中小心加蒸馏水到液面接近刻度 _____ cm 处,改用 _____ 加蒸馏水,使溶液 _____ 恰好与刻度线相切

2. 欲配制 400 mL 2 mol/L 的硫酸铜溶液,需要胆矾($CuSO_4 \cdot 5H_2O$)多少克?

3. 在 20 ℃ 时,将 3.16 g KNO_3 溶于 10.0 g 水中,恰好配成密度为 1.13 g/cm^3 的饱和溶液。计算

(1) 此饱和溶液中 KNO_3 的质量分数；

(2) 此饱和溶液中 KNO_3 的物质的量浓度。

4. 完全中和 0.10 mol NaOH 需要 H_2SO_4 的物质的量是多少？所需 H_2SO_4 的质量是多少？

第四节 热化学方程式及反应热

一、填空题

某化学反应，设反应物总能量为 E_1，生成物总能量为 E_2。

(1) 若 $E_1 > E_2$，则该反应为_____热反应。

(2) 若 $E_1 < E_2$，则该反应为_____热反应。

二、选择题

1. 下列说法正确的是（   ）。

   A. 需加热才能发生的反应一定是吸热反应

   B. 放热反应在常温下就一定能进行

   C. 反应是放热还是吸热是由反应物和生成物所具有的总能量的相对大小决定的

   D. 吸热反应中，反应物总能量大于生成物总能量

2. 下列说法中正确的是（   ）。

   A. 化学变化一定伴随着能量变化　　　B. 能量变化一定属于化学变化

   C. 化学变化一定伴随颜色变化　　　　D. 颜色变化一定属于化学变化

3. 在海湾战争期间，科威特大批油井被炸着火。在灭火工作中，下列措施不能考虑用于灭火的是（   ）。

   A. 设法阻止石油喷射　　　　　　　　B. 设法降低火焰温度

   C. 设法降低石油着火点　　　　　　　D. 设法使火焰隔绝空气

4. 下列反应中属于吸热反应的是（   ）。

   A. $HCl + NaOH == NaCl + H_2O$ 　　　B. $CO_2 + C \xrightarrow{\text{高温}} 2CO$

   C. $2Mg + O_2 \xrightarrow{\text{点燃}} 2MgO$ 　　　D. $CaO + H_2O == Ca(OH)_2$

5. "摇摇冰"是一种即用即冷的饮料，吸食时将饮料罐隔离层中的化学物质和水混合摇动即会制冷。该化学物质是（   ）。

   A. 氯化钠　　　　B. 固体硝酸铵　　　　C. 生石灰　　　　D. 固体氢氧化钠

三、应用题

已知 100 g $CaCO_3$(s) 分解生成 CaO(s) 和 CO_2(g) 需要 178 kJ 热量，12 g C(s) 燃烧生成 CO_2(g) 放出 393.5 kJ 的热量，如果把 0.5 t $CaCO_3$(s) 煅烧成 CaO(s) 在理论上需要 C(s) 多少千克？

第二章检测题

一、选择题

1. 下列表示方法正确的是(　　)。
   A. 1 mol 水　　　　　　　　　　B. 2 mol Cl^-
   C. 0.5 mol 二氧化碳气体　　　　D. 0.3 mol 钠离子

2. 由 N_2、NO、CO_2 组成的混合气体中,三种成分的体积相同,则三种成分的质量之比为(　　)。
   A. 1∶2∶1　　　B. 14∶15∶22　　　C. 7∶15∶11　　　D. 1∶1∶1

3. 下列关于摩尔质量的论述正确的是(　　)。
   A. 氢的摩尔质量是 1 mol
   B. 1 个氮分子的摩尔质量为 28 g
   C. 水的摩尔质量为 1.8 g
   D. NO_3^- 的摩尔质量为 62 g/mol

4. 下列物质中质量最小的是(　　)。
   A. 标准状况下 22.4 L CO_2
   B. $6.02×10^{23}$ 个 H_2 分子
   C. 0.5 mol N_2
   D. 含 1 mol H 的 H_2O

5. 配制 1 mol/L NaCl 溶液 250 mL,在下列仪器中要用到的是(　　)。
   ①托盘天平　②量筒　③容量瓶　④滤纸　⑤烧杯　⑥玻璃棒
   ⑦酒精灯　⑧试管　⑨胶头滴管
   A. ①③⑤⑥⑦　　B. ②③④⑤　　C. ①③④⑤⑥⑨　　D. ②③⑤⑥⑧⑨

6. 下列物质中,物质的量最多的是(　　)。
   A. $3.01×10^{23}$ 个铁原子
   B. 标准状况下 33.6 L SO_2
   C. 1 L 1 mol/L Na_2SO_4 溶液中的 Na^+
   D. 16 g 氧气

7. 下列物质中含阿伏加德罗常数个原子的是(　　)。
   A. 1 mol Cl_2　　B. 0.5 mol SO_2　　C. 0.5 mol Ne　　D. 0.25 mol SO_3

8. 等物质的量的水蒸气,水和冰中所含的分子数(　　)。
   A. 一样多　　　B. 冰中多　　　C. 水中多　　　D. 水蒸气中多

9. 在 $Fe_2(SO_4)_3$ 和 $KAl(SO_4)_2$ 的混合液中,K^+ 的物质的量浓度为 0.2 mol/L,Fe^{3+} 物质的量浓度为 0.3 mol/L,则 SO_4^{2-} 的物质的量浓度是(　　)。
   A. 0.85 mol/L　　B. 0.55 mol/L　　C. 0.28 mol/L　　D. 1.01 mol/L

10. 下列说法正确的是(　　)。
    A. 需加热才能发生的反应一定是吸热反应

B. 放热的反应在常温下就一定能进行

C. 反应是放热还是吸热是由反应物和生成物所具有的总能量的相对大小决定的

D. 反应物的总能量就是反应物的总热量

11. 下列反应属于吸热反应的是(　　)。

  A. $HCl+NaOH \xlongequal{\quad} NaCl+H_2O$ B. $CaCO_3 \xrightarrow{\text{高温}} CaO+CO_2 \uparrow$

  C. $2Mg+O_2 \xrightarrow{\text{点燃}} 2MgO$ D. $CaO+H_2O \xlongequal{\quad} Ca(OH)_2$

12. 0.3 mol Cl_2 与金属单质 M 完全反应生成 0.2 mol MCl_n，则 n 为(　　)。

  A. 3   B. 2   C. 4   D. 5

13. 在标准状况下,将 1 g He,11 g CO_2 和 4 g O_2 混合,该混合气体的体积约为(　　)。

  A. 8.4 L   B. 14.0 L   C. 16.8 L   D. 11.2 L

14. 当物质的量浓度相同的 NaCl、$MgCl_2$ 和 $AlCl_3$ 三种溶液中所含 Cl^- 的个数比为 1∶1∶1 时,这三种溶液的体积比应是(　　)。

  A. 2∶3∶6   B. 1∶2∶3   C. 3∶2∶1   D. 6∶3∶2

15. 对于放热反应 A+B ⟶ C+D,以上说法正确的是(　　)(E_A、E_B、E_C、E_D 分别表示 A、B、C、D 所具有的能量)。

  A. $E_A > E_C$ B. $E_A > E_C + E_D$

  C. $E_A + E_B > E_C + E_D$ D. $E_A + E_B < E_C + E_D$

16. 下列溶液中氯离子浓度与 50 mL 1 mol/L $AlCl_3$ 溶液中氯离子浓度相等的是(　　)。

  A. 150 mL 1 mol/L NaCl 溶液   B. 75 mL 2 mol/L NH_4Cl 溶液

  C. 150 mL 1 mol/L KCl 溶液   D. 75 mL 1 mol/L $FeCl_3$ 溶液

17. 一定质量的 Na_2CO_3 中,碳原子和氧原子的物质的量之比是(　　)。

  A. 1∶1   B. 1∶3   C. 3∶1   D. 2∶3

18. 在 1 L 溶有 0.1 mol NaCl 和 0.1 mol $MgCl_2$ 的溶液中,Cl^- 的物质的量浓度为(　　)。

  A. 0.05 mol/L   B. 0.1 mol/L   C. 0.2 mol/L   D. 0.3 mol/L

19. 等物质的量的钠、镁、铝与足量的稀 H_2SO_4 反应生成的氢气的物质的量之比是(　　)。

  A. 1∶1∶1   B. 1∶2∶3   C. 3∶2∶1   D. 6∶3∶2

20. 在一定温度和压强下,1 体积 $x_2(g)$ 跟 3 体积 $y_2(g)$ 化合生成 2 体积化合物,则该化合物的化学式是(　　)。

  A. xy_3 B. xy C. x_3y D. x_2y_3

二、应用题

1. 实验室用 98% 的浓 H_2SO_4 ($\rho=1.84$ g/cm³)配制 1.5 mol/L 稀 H_2SO_4 溶液 250 mL。

 (1)计算所需浓 H_2SO_4 体积为_____;

(2)稀释浓 H_2SO_4 的方法是_____；

(3)容量瓶使用前,检验其是否漏水的方法是_____；

(4)稀释后的浓 H_2SO_4 应先_____然后转移至容量瓶中；

(5)向容量瓶中继续加水至刻度线 1～2 cm 处,改用_____加水,使溶液的凹面与刻度线恰好相切。

在这一步操作前尚缺少的一步操作是_____,

如果缺少这一步操作,将导致的结果是浓度_____(填"偏高""偏低"或"不变")。

2. 在 20℃时,将 5 g NaOH 溶于 95 g 水中,恰好配成密度为 1.05 g/cm³ 的溶液,计算：

(1)此溶液中 NaOH 的质量分数；

(2)此溶液中 NaOH 的物质的量的浓度。

3. 9.8 g H_2SO_4 用 NaOH 来中和,需 NaOH 的物质的量是多少？

4. 配制 250 mL 1 mol/L HCl 溶液需要 12 mol/L HCl 溶液的体积是多少？

第三章 重要的非金属元素及其化合物

第一节 卤素

一、填空

1. 卤族元素包含 _____ 、_____ 、_____ 、_____ 、_____ 等5种元素,简称为 _____,卤素就是能生成盐的元素。卤素原子最外层的电子数都是 _____ 个,在化学反应中卤素原子容易 _____ 电子,卤素常见的化合价是 _____。在卤素单质中,化学性质最活泼的是 _____,非金属性最弱的是 _____。

2. 在通常状态下,卤素单质中 _____ 是气体, _____ 是液体, _____ 是固体。

3. 在卤素单质中,颜色最深的是 _____,最容易与氢气反应的是 _____。

4. 氯气是具有 _____ 气味的 _____ 色的气体,氯气的密度比空气 _____。

5. 钠在氯气中剧烈地燃烧,其现象是 _____,反应的化学方程式为 _____。

6. 铜在氯气中燃烧的现象是 _____,其反应的化学方程式为 _____,燃烧后的产物溶于水,能形成 _____ 的溶液。

7. 氯气与氢气的混合气体,在 _____ 下,会剧烈反应而发生爆炸,生成 _____;将点燃的氢气导管插入氯气的集气瓶中,发生的现象是 _____,所得的产物是 _____。

8. 红磷在氯气中剧烈燃烧,现象是 _____,生成 _____,反应的化学方程式为 _____。

9. 氯水中具有漂白作用的是 _____,其中不稳定的是 _____,在日光照射时,快速地发生反应的化学方程式为 _____。

10. 实验室制取氯气时,多余的氯气不能排放到空气中,其原因是 _____,因此常用 _____ 来吸收,其反应的化学方程式为 _____。

11. 自来水厂常用到氯气,其作用是 _____。

12. 向盛有 Na_2CO_3 和 $NaCl$ 溶液的两支试管中,分别加入硝酸银溶液,所观察到的现象是 _____,反应的化学方程式为 _____,然后再向两支试管中,加入稀硝酸,又观察到的现象有 _____,反应的化学方程式为 _____。

二、选择题

1. 下列卤素单质中熔点最高的是(　　)。
   A. F_2　　　　B. Cl_2　　　　C. Br_2　　　　D. I_2

2. 下列物质中,不含 Cl^- 的是(　　)。
   A. 氯气　　　B. 氯水　　　C. 氯化氢水溶液　　　D. 氯化钠晶体

3. 用自来水养金鱼之前,需把水在阳光下曝晒一段时间的目的是(　　)。
   A. 增加水中 O_2 含量　　　　　　B. 提高水温
   C. 除去 HClO　　　　　　　　　　D. 利用紫外线杀菌消毒

4. 下列物质中属于纯净物的是(　　)。
   A. 液氯　　　B. 盐酸　　　C. 氯水　　　D. 漂白粉

5. 能使干燥有色布条褪色的是(　　)。
   A. 氯水　　　B. 液氯　　　C. 盐酸　　　D. 氯化钠溶液

6. 下列氯化物不能由金属和盐酸直接反应制得的是(　　)。
   A. $AlCl_3$　　　B. $MgCl_2$　　　C. $FeCl_3$　　　D. $ZnCl_2$

7. 某元素的单质 0.1 mol 与 Cl_2 充分反应后,生成的物质的质量比原单质的质量增加了 7.1 g,这种元素是(　　)。
   A. Fe　　　B. Al　　　C. Cu　　　D. Na

8. 检验氯化氢气体中是否混有氯气,可采用的方法是(　　)。
   A. 用干燥的蓝色石蕊试纸　　　　B. 用湿润的有色布条
   C. 将气体通入硝酸银溶液　　　　D. 用氢氧化钠溶液

9. 在我国,主要采取食盐加碘的方法来有效提高人体中碘的含量,食用盐中加入含碘的物质是(　　)。
   A. I_2　　　B. KI　　　C. NaI　　　D. KIO_3

三、判断题(正确的在括号内打"√";错误的在括号内打"×")

1. 光照氯水有气泡冒出,该气体为氯气。（　　）
2. 1 L 0.5 mol/L 的 NH_4Cl 溶液和 0.5 L 1 mol/L $CaCl_2$ 溶液中 Cl^- 的物质的量浓度相同。（　　）
3. 用 Cl_2 消毒的自来水可用来饲养金鱼。（　　）
4. 液氯、氯水均有漂白性。（　　）
5. 变色眼镜中加入的 CuO 是一种催生剂,促进卤化银分解。（　　）
6. 缺氧会造成龋齿,对骨骼的成长也产生重要的影响,因此青少年必须大量摄入含氟的药品或食品。（　　）
7. 将 10 g 10% 的盐酸加热蒸发掉 5 g 水,蒸发后溶液的浓度为 20%。（　　）

8. I_2 和碘化钾溶液均可使淀粉溶液变蓝。　　　　　　　　　　　　（　　）

9. 缺碘会引起甲状腺肿疾病。　　　　　　　　　　　　　　　　　　（　　）

10. 工业上的三酸指盐酸、硫酸和硝酸。　　　　　　　　　　　　　　（　　）

四、应用题

1. 某软锰矿石中 MnO_2 的质量分数为 87%，如果其他成分不与浓盐酸反应，则 100g 此矿石与足量的浓盐酸反应，制得的氯气在标准状况下的体积是多少？

2. 氯气与红磷反应后，生成 0.2 mol PCl_3 和 0.4 mol PCl_5，计算至少要消耗氯气多少克？

3. 将 10 mL 10 mol/L 盐酸加水稀释至 100 mL，此时盐酸的物质的量的浓度为多少？

第二节 硫

一、填空题

1. 氧族元素包括 _____、_____、_____、_____、_____ 等 5 种元素,它们最外层电子数都为_____个。氧族元素随着核电荷数的递增,它们的电子层数_____,原子半径_____,原子获得电子能力依次_____,非金属性依次_____,其中_____和_____是典型的非金属,_____和_____虽为非金属却具有某些金属的性质,_____为放射性金属。

2. 氧族元素的最高正化合价为_____价,最低化合价为_____价,最高价氧化物的通式为_____,氢化物的通式为_____。

3. 硫的原子半径比氯的原子半径_____,硫的非金属性比氯_____。

4. 硫单质是_____色的晶体,它_____溶于水,_____溶于二硫化碳。硫蒸气急剧冷却,会凝聚成_____,叫做_____。

5. 硫化氢是一种_____色_____气味的_____毒气体。硫化氢_____溶于水,硫化氢的水溶液称为_____,呈_____性,具有_____的通性。

6. 硫化氢是一种可燃气体,在空气充足和不足的情况下燃烧的产物不同,其反应方程式分别为 _____,_____。

7. 二氧化硫是一种_____色、_____刺激性气味的_____毒气体,它_____于液化,_____溶于水。

8. 在实验室里常用_____与_____反应来制取二氧化硫气体,试写出其反应的化学方程式 _____。

9. 二氧化硫是_____氧化物,与水反应生成_____,因此二氧化硫又叫_____。

10. 下列性质及用途体现浓硫酸的特性是:
    (1)能使火柴棒变黑,体现的特性是_____;
    (2)能使蓝色的 $CuSO_4 \cdot 5H_2O$ 晶体变白,体现的特性是_____;
    (3)能用来干燥 SO_2、Cl_2、CO_2 等气体,体现的特性是_____;
    (4)用铝、铁等容器来盛装冷的浓硫酸,体现的特性是_____;
    (5)放在敞口容器中的浓硫酸,其浓度变稀,体现的特性是_____。

11. 向盛有 Na_2CO_3 和 Na_2SO_4 溶液的两支试管中,分别加入氯化钡溶液,所观察到的现象是_____,反应的化学方程式为_____,然后再向两支试管中加入稀硝酸,又观察到的现象有_____,反应的化学方程式为_____。

二、选择题

1. 0.1 mol 某单质跟足量的硫充分反应后,质量增加 3.2 g,则组成这种单质的元素是( )
   A. 钠　　　　　B. 铝　　　　　C. 铁　　　　　D. 钾

2. 下列有关氧族元素的叙述不正确的是( )
   A. 随着原子序数的递增,单质的熔沸点升高
   B. 随着原子序数的递增,原子半径依次增大
   C. 随着原子序数的递增,元素的金属性依次增强
   D. 随着原子序数的递增,元素的非金属性依次增强

3. 下列有关物质的性质比较不正确的是( )
   A. 稳定性:$H_2S>HCl$　　　　　B. 酸性:$H_2SO_4<HClO_4$
   C. 稳定性:$H_2O>H_2S$　　　　　D. 酸性:$H_2SO_4>H_2SeO_4$

4. 下列气体在相同的条件下其密度比空气小的是( )
   A. Cl_2　　　　B. H_2S　　　　C. SO_2　　　　D. CH_4

5. 下列气体不能在空气中燃烧的是( )
   A. H_2S　　　　B. CO　　　　C. SO_2　　　　D. H_2

6. 下列有关硫化氢的叙述错误的是( )
   A. 是一种无色有臭鸡蛋气味的气体
   B. 有毒,是一种大气污染物
   C. 硫化氢能溶于水,其水溶液叫氢硫酸
   D. 氢硫酸是一种强酸,具有酸的通性

7. 下列气体中,最易溶于水的是( )
   A. HCl　　　　B. O_2　　　　C. SO_2　　　　D. Cl_2

8. 区别 SO_2 和 CO_2 气体的方法是( )
   A. 通入澄清的石灰水　　　　　B. 用湿润的蓝色石蕊试纸
   C. 用品红溶液　　　　　　　　D. 根据有无毒性

9. 处理多余 H_2S 气体的方法是( )
   A. 点燃余气　　　　　　　　　B. 通入水中
   C. 向室外排放　　　　　　　　D. 通入 NaOH 溶液中

10. 下列关于二氧化硫的说法中,不正确的是( )
    A. SO_2 是亚硫酐　　　　　　B. 是一种大气污染物
    C. 实验室可用启普发生器制取　D. 有漂白作用,也有杀菌作用

11. 鉴别 Na_2CO_3 和 Na_2SO_3 的方法可用( )
    A. 盐酸　　　　B. 硫酸　　　　C. 盐酸和石灰水　　　　D. 硫酸和品红溶液

12. 下列气体的水溶液酸性最强的是(　　)

　　A. SO_2　　　　B. H_2S　　　　C. CO_2　　　　D. HCl

13. 向氢硫酸的溶液中,通入下列气体不会变浑浊的是(　　)

　　A. Cl_2　　　　B. SO_2　　　　C. O_2　　　　D. HCl

14. 可以用来区别 H_2S 和 SO_2 的方法是(　　)

　　A. 通入 NaOH 溶液　　　　　　B. 将两者混合

　　C. 湿润的蓝色石蕊试纸　　　　D. 通入品红溶液中

三、判断题(正确的在括号内打"√";错误的在括号内打"×")

1. 10 mL 98% 的硫酸加水稀释至 100 mL,硫酸的质量分数为 9.8%。　　　(　　)

2. 硫酸的摩尔质量为 98 g。　　　(　　)

3. 将浓硫酸与浓盐酸露置在空气中,一段时间后两者质量分数都减小。　　　(　　)

4. 硫在空气中燃烧的产物是 SO_2,在纯氧中的燃烧产物是 SO_3。　　　(　　)

5. 浓硫酸的氧化性很强,所以可用作干燥剂。　　　(　　)

6. 常温常压下,1 mol SO_2 的质量是 64 g。　　　(　　)

7. 标准状况下,1 mol 水的质量约为 22.4 L。　　　(　　)

8. 被科学家称为人体微量元素中的抗癌之王的是硒。　　　(　　)

9. 某溶液中加入 $BaCl_2$ 溶液后产生不溶于稀硝酸的白色沉淀,该溶液中一定含 SO_4^{2-}。

　　(　　)

10. SO_2 和氯水均有漂白作用,且漂白原理相同。(　　)

四、应用题

1. 锻烧含 FeS_2 60% 的黄铁矿石 10 t,可制得 98% 的浓硫酸多少吨?

2. SO_2 是一种大气污染物,烟道气中的 SO_2 可以经反应:$2Ca(OH)_2 + 2SO_2 + O_2 =\!=\!= 2CaSO_4 + 2H_2O$ 被除去,为了除去 64 g SO_2,需要 0.01 mol/L 的氢氧化钙溶液多少升?

3. 64 g Cu 完全反应,最少需消耗 H_2SO_4 多少克？生成 $CuSO_4$ 的物质的量是多少？

五、用化学方法鉴别 Na_2SO_4、Na_2CO_3、$NaCl$、$NaNO_3$ 四种无色溶液,写出相应的化学反应方程式。

第三节 氮

一、填空题

1. 氮族元素处于元素周期表中的第 _____ 族,它包括 _____、_____、_____、_____、_____ 等五种元素,其中 _____ 是非金属元素,_____ 是金属元素。随着原子序数的递增,其非金属性依次 _____,金属性依次 _____。

2. 氮族元素最外层电子数都为 _____ 个,其最高正化合价为 _____,最高价氧化物的通式为 _____,其气态氢化物的通式为 _____。

3. 氮分子在通常状况下很稳定,是因为 _____,氮分子的电子式为 _____。

4. 氨通常情况下是一种 ___ 色、_____ 刺激性气味的气体,密度比空气 ___,液氨气化时要吸收大量的热量,因此用作为 _____。氨 _____ 溶于水,氨的水溶液叫 _____。

5. 氨水能使酚酞试液变 _____,能使红色石蕊试纸变 _____,其原因是 _____。

6. 将两根分别蘸有浓盐酸和浓氨水的玻璃棒接近,观察到的现象是 _____,其反应的化学方程式为 _____。

7. 铵盐是由 _____ 和 _____ 组成的,_____ 溶于水,它和碱作用有 NH_3 逸出,常用这一性质来检验 _____ 的存在。

8. 在实验室里常看到浓硝酸呈现黄色,是因为 _____。

9. 铝为活泼金属,能用铝槽车贮运浓硝酸是因为 _____。

10. 王水是 _____ 和 _____ 按体积比为 _____ 组成的混合物。

二、选择题

1. 下列物质中,酸性最强的是( )。

   A. H_3AsO_4 B. H_2SO_4 C. H_3PO_4 D. $HClO_4$

2. 下列气态氢化物中最稳定的是( )。

   A. H_2S B. HF C. NH_3 D. PH_3

3. 下列关于氮族元素的叙述正确的是( )。

   A. 最高化合价是+5 价 B. 氢化物的通式为 RH_5
   C. 非金属性由上到下逐渐增强 D. 其含氧酸均为一元强酸

4. 下列气体中,不会造成空气污染的是( )。

   A. N_2 B. NO
   C. NO_2 D. CO

5. 下列物质中,不具有挥发性的是( )。
    A. 浓氨水   B. 浓盐酸   C. 浓硫酸   D. 浓硝酸

6. 在实验室制取下列气体,发生装置相同的是( )。
    ①O_2 ②Cl_2 ③H_2 ④NH_3
    A. ①②   B. ②③   C. ③④   D. ①④

7. 只用一种试剂,将 NH_4Cl、$(NH_4)_2SO_4$、$NaCl$、Na_2SO_4 四种溶液区分开,这种试剂是( )。
    A. NaOH 溶液   B. $AgNO_3$ 溶液   C. $BaCl_2$ 溶液   D. $Ba(OH)_2$ 溶液

8. 硝酸应避光保存,是因为它具有( )。
    A. 强酸性   B. 挥发性   C. 不稳定性   D. 强氧化性

9. 下列各组物质中,常温下能起反应并产生气体的是( )。
    A. 铜和稀盐酸   B. 铁和浓硫酸
    C. 铜和稀硝酸   D. 铝和浓硫酸

10. 能使湿润的红色石蕊试纸变蓝的气体是( )。
    A. Cl_2 B. NH_3 C. H_2S D. SO_2

11. 下列反应中属于固氮反应的是( )。
    A. 氯化铵受热分解成氨气
    B. 一氧化氮氧化成二氧化氮
    C. 氮气与氢气反应生成氨气
    D. 氨气与硫酸反应生成硫酸铵

12. 下列氧化物中,不是某酸的酸酐的是( )。
    A. NO_2 B. CO_2 C. SO_2 D. SO_3

三、判断题(正确的在括号内打"√";错误的在括号内打"×")

1. 硝酸的浓度越大,氧化性越强。 ( )
2. 浓硝酸、浓硫酸在常温下均可与铁、铜反应。 ( )
3. NO_2 能引起酸雨,破坏臭氧层等。 ( )
4. 任何温度下,铁片、铝片均不与浓硝酸、浓硫酸反应。 ( )
5. 工业浓盐酸、浓硝酸均呈黄色,但原因不同。 ( )
6. NO 是一种大气污染物,但可起扩张血管的作用。 ( )
7. 氯气、氨气均易液化,故两者均可作制冷剂。 ( )
8. 镁条在空气中点燃既生成氧化镁又生成氮化镁。 ( )

四、实验题

    由三种元素组成的一种白色晶体 A,它和熟石灰共热后放出一种无色气体 B,B 可以使湿润的红色石蕊试纸变蓝,晶体 A 的溶液与硝酸银溶液反应能产生白色沉淀 C,C 不溶于稀硝酸中,试判断 A、B、C 各为何物,写出有关的化学方程式。

五、应用题

1. 用 53.5 g 的氯化铵与适量的氢氧化钙反应,可制得标准状况下的氨气多少升,若把这些氨气配成 500 mL 的氨水,其物质的量浓度是多少?

2. 96 g 铜与足量稀硝酸完全反应,消耗硝酸多少克?同时生成标准状况下 NO 的体积是多少升?

第四节　硅

一、填空题

1. 碳族元素位于元素周期表中 _____ 族,它包括 _____、_____、_____、_____、_____ 等五种元素,它们最外层电子数都为 _____,最高正价为 _____ 价,最高价氧化物通式为 _____,气态氢化物的通式为 _____。

2. 碳族元素随着核电荷的递增,原子半径依次 _____,得电子能力依次 _____,其非金属性依次 _____,金属性依次 _____。

3. 碳族元素的非金属性比同周期的氮族元素的非金属性要 _____,因此酸性是 H_2CO_3 _____ HNO_3 的酸性,稳定性是 NH_3 _____ CH_4。

4. 硅和生命有着不解之缘,人体的 _____、_____、_____、_____ 中含硅较多,特别是 _____ 含硅最高。

5. 晶体硅是一种 _____ 色,有 _____ 光泽、硬而脆的固体;无定形硅是一种 _____ 色的 _____。

6. 二氧化硅也叫 _____,是一种 _____ 的固体。

7. 存放氢氧化钠溶液的试剂瓶,不能用玻璃塞而要用橡皮塞,其原因是 _____,反应的方程式为 _____。

8. 生产水泥的主要原料是 _____,水泥的主要成分是 _____;生产玻璃的主要原料是 _____,玻璃的主要成分是 _____。

二、选择题

1. 下列物质中,属于半导体材料的是(　　)。
   A. 石墨　　　B. 硫黄　　　C. 晶体硅　　　D. 二氧化硅

2. 下列物质中,在常温下不能与硅发生反应的是(　　)。
   A. F_2　　　B. 氢氟酸　　　C. 硝酸　　　D. 烧碱溶液

3. 工业上生产下列物质,二氧化硅不为主要原料的是(　　)。
   A. 玻璃　　　B. 石灰　　　C. 水泥　　　D. 光导纤维

4. 下列叙述中,正确的是(　　)。
   A. 碳族元素都是非金属元素,其非金属性随核电荷数的增加而减弱
   B. 碳族元素的单质都具有导电性
   C. 硅酸的酸性比碳酸强
   D. 同一周期的氧族元素比碳族元素的非金属性强

5. 下列物质中,不与水反应的是(　　)。

　　A. SO_2　　　　B. CO_2　　　　C. NO_2　　　　D. SiO_2

6. 下列各组物质均属于硅酸盐工业产品的是(　　)。

　　A. 陶瓷、水泥　　　　　　　　B. 单晶硅、玻璃

　　C. 普钙、漂白粉　　　　　　　D. 石英玻璃、石膏

7. 过量的石英砂、纯碱和生石灰熔化后生成(　　)。

　　①水泥　②玻璃　③瓷器　④混凝土　⑤一种硅酸盐产品

　　A. ①④　　　　B. ②⑤　　　　C. ③　　　　D. ②

三、判断题(正确的在括号内打"√";错误的在括号内打"×")

1. 碳族元素单质的熔、沸点随原子序数的增加而升高。　　　　　　　　　　　　(　　)
2. 某气体能使澄清石灰水变浑浊,该气体一定是 CO_2。　　　　　　　　　　　(　　)
3. 全球气候变暖的"罪魁"是 CO_2。　　　　　　　　　　　　　　　　　　　(　　)
4. 硅的化学性质不活泼,在常温下不与任何物质反应。　　　　　　　　　　　　(　　)
5. 石灰石是制水泥和玻璃的重要原料。　　　　　　　　　　　　　　　　　　　(　　)
6. 某溶液中加入稀盐酸产生无色无味的能使澄清石灰水变浑浊的气体,该溶液中一定含 CO_3^{2-}。　　　　　　　　　　　　　　　　　　　　　　　　　　　　　　　　(　　)
7. 碳族元素的主要化合价均为+2和+4价。　　　　　　　　　　　　　　　　　(　　)
8. 水泥制作过程中加入石膏是为了调节水泥的硬化速度。　　　　　　　　　　　(　　)
9. 1998年美国入侵南联盟时投下石墨炸弹,造成输电线、电厂设备损坏,是因为石墨能导电。　　　　　　　　　　　　　　　　　　　　　　　　　　　　　　　　(　　)

四、应用题

在石灰石样品中含有少量的 SiO_2 杂质,100 g 该样品与 1 L 2 mol/L 盐酸充分反应后,得到 17.92 L CO_2(标准状况)。试计算:

(1)石灰石样品中 SiO_2 的质量分数;

(2)中和多余的盐酸需用 1 mol/L 的 NaOH 溶液的体积。

第五节 氧化还原反应

一、填空题

1. 在初中化学中,物质得到氧的反应叫_____,物质失去氧的反应叫_____,反应中有物质得到氧,就必定有物质_____氧,因此氧化反应和还原反应是同时进行的。

2. 通过分析氧化铜与氢气的反应,我们可以知道,氧化铜在反应中失去氧,发生_____反应,铜元素的化合价由_____到_____,化合价_____;氢得到氧,发生_____反应,氢元素的化合价由_____到_____,化合价_____。

3. 元素化合价升高的反应为_____反应,元素化合价降低的反应为_____反应,反应前后,元素的化合价发生变化的反应是_____。

4. 在氯气与钠的反应中,氯原子_____电子,氯元素的化合价_____,被_____,发生_____反应,钠原子_____电子,钠元素的化合价_____,被_____,发生_____反应。

5. 物质得到电子,所含元素化合价_____,发生_____反应;物质失去电子,所含元素化合价_____,发生_____反应。

6. 在氧化还原反应中,氧化剂_____电子,发生_____反应,所含的元素化合价_____,还原剂_____电子,发生_____反应,所含元素化合价_____。

7. 在氧化还原反应中,氧化剂得到电子总数和还原剂失去电子总数_____。

二、选择题

1. 氧化还原反应的实质是(　　)。
    A. 氧元素的得失　　　　　　　　B. 有无新物质生成
    C. 电子的得失或偏移　　　　　　D. 元素化合价的升降

2. 下列实验现象中与氧化还原反应有关的是(　　)。
    A. 石灰石溶于盐酸并产生无色、无味的气体
    B. 碳酸钠溶液中加入氯化钙溶液产生沉淀
    C. 浓氨水与浓盐酸接触产生大量白烟
    D. 氢气在氯气中安静地燃烧,产生苍白色火焰

3. 下列反应,氯元素全部被氧化的是(　　),全部被还原的是(　　),部分被氧化的是(　　)。

    A. $2NaCl \xrightarrow{\text{电解}} 2Na + Cl_2 \uparrow$

    B. $HCl + AgNO_3 == AgCl \downarrow + HNO_3$

    C. $4HCl(浓) + MnO_2 \xrightarrow{\triangle} MnCl_2 + Cl_2 \uparrow + 2H_2O$

D. $2KClO_3 \xrightarrow{\triangle} 2KCl + 3O_2\uparrow$

4. 下列反应中,不属于氧化还原反应的是(　　)。

   A. $CaO + H_2O == Ca(OH)_2$ B. $Zn + 2HCl == ZnCl_2 + H_2\uparrow$

   C. $2H_2S + SO_2 == 3S\downarrow + 2H_2O$ D. $N_2 + 3H_2 == 2NH_3$

5. 下列说法中,正确的是(　　)。

   A. 氧化剂是在反应中得到电子的物质

   B. 氧化剂本身被氧化

   C. 还原剂本身被还原

   D. 还原剂是在反应时所含元素化合价降低的物质

6. 下列反应中,盐酸作氧化剂的是(　　),盐酸作还原剂的是(　　)。

   A. $NaOH + HCl == NaCl + H_2O$

   B. $Fe + 2HCl == FeCl_2 + H_2\uparrow$

   C. $CuO + 2HCl == CuCl_2 + H_2O$

   D. $MnO_2 + 4HCl(浓) == MnCl_2 + 2H_2O + Cl_2\uparrow$

7. 下列说法中正确的是(　　)。

   A. 氧化还原反应的本质是元素化合价发生变化

   B. 还原剂是一种能够得到电子的物质

   C. 氧化反应和还原反应是同时发生的

   D. 物质所含元素化合价升高的反应是还原反应

8. 下列变化需要加入氧化剂才能实现的是(　　)。

   A. $Cl_2 \longrightarrow Cl^-$ B. $HNO_3 \longrightarrow NO$

   C. $Br^- \longrightarrow Br_2$ D. $Na_2SO_3 \longrightarrow SO_2$

三、判断题(正确的在括号内打"√";错误的在括号内打"×")

  1. 化学反应中金属失电子越多,氧化性越强。　　　　　　　　　　　　　　　　　　(　　)

  2. 1 mol Cl_2 与足量铁完全反应,得到 3 mol 电子。　　　　　　　　　　　　　　　(　　)

  3. 非金属氧化性越强,越易失去电子。　　　　　　　　　　　　　　　　　　　　(　　)

  4. 有单质参加或生成的反应不一定是氧化还原反应。　　　　　　　　　　　　　　(　　)

  5. 发生化合价升降的反应,一定是氧化还原反应。　　　　　　　　　　　　　　　(　　)

  6. 物质失电子、化合价升高,被氧化,发生还原反应。　　　　　　　　　　　　　　(　　)

  7. 在氧化还原反应中,一种物质被氧化,必然有另一种物质被还原。　　　　　　　(　　)

  8. 绿色化学的原子利用率为 100%。　　　　　　　　　　　　　　　　　　　　　(　　)

  9. 阳离子均只有氧化性,阴离子均只有还原性。　　　　　　　　　　　　　　　　(　　)

四、举例说明 SO_2 既具有氧化性又具有还原性。

五、判断下列反应是否是氧化还原反应,是氧化还原反应的指出哪些物质是氧化剂？哪些物质是还原剂？

　　1. $Cl_2 + 2NaOH =\!=\!= NaCl + NaClO + H_2O$

　　2. $Cu + 2H_2SO_4(浓) \xrightarrow{\triangle} CuSO_4 + SO_2\uparrow + 2H_2O$

　　3. $2NH_3 + H_2SO_4 =\!=\!= (NH_4)_2SO_4$

　　4. $3NO_2 + H_2O =\!=\!= 2HNO_3 + NO$

　　5. $Cl_2 + 2KI =\!=\!= 2KCl + I_2$

　　6. $SiO_2 + 4HF =\!=\!= SiF_4 + 2H_2O$

六、用单线桥法标明下列氧化还原反应电子的转移方向和数目,并指出氧化剂和还原剂。

　　1. $2KMnO_4 \xrightarrow{\triangle} K_2MnO_4 + MnO_2 + O_2\uparrow$

2. $C + 2H_2SO_4(浓) \xlongequal{\triangle} CO_2\uparrow + 2SO_2\uparrow + 2H_2O$

3. $2H_2S + 3O_2 =\!=\!= 2SO_2 + 2H_2O$

4. $3Cu + 8HNO_3 =\!=\!= 3Cu(NO_3)_2 + 2NO\uparrow + 4H_2O$

5. $2Fe + 3Cl_2 \xlongequal{点燃} 2FeCl_3$

第三章检测题

一、选择题

1. 潮湿的氯气、新制的氯水、次氯酸钠及漂白粉的水溶液均能使有色布条褪色,是因为它们均含有(　　)。
   A. 氯气　　　　　B. 次氯酸　　　　　C. 次氯酸根　　　　　D. 氯化氢

2. 湿润的蓝色石蕊试纸接触氯气后,其颜色变化为(　　)。
   A. 变红　　　　　B. 先变红后变白　　C. 变白　　　　　　D. 不变

3. 下列物质中,不具有漂白作用的是(　　)。
   A. 新制的氯水　　B. 干燥氯气　　　　C. 次氯酸钠溶液　　　D. 次氯酸钙溶液

4. 下列反应发生时,会产生棕黄色烟的是(　　)。
   A. 金属钠在 Cl_2 中燃烧　　　　　　B. 铜在氯气中燃烧
   C. 氢气在氯气中燃烧　　　　　　　D. 金属钠在氧气中燃烧

5. 随着卤素原子半径的增大,下列递变规律正确的是(　　)。
   A. 单质的熔点、沸点逐渐降低　　　　B. 气态氢化物稳定性逐渐增强
   C. 单质的活泼性逐渐增强　　　　　　D. 单质的颜色逐渐加深

6. 砹是原子序数最大的卤族元素,推测砹及其化合物可能具有的性质是(　　)。
   A. 砹是有色固体　　　　　　　　　　B. HAt 很稳定
   C. 砹与水能剧烈的发生反应　　　　　D. 砹能把碘从它的化合物中置换出来

7. 下列氯化物中,既能由金属和氯气直接反应制得,又能由金属和盐酸反应制得的是(　　)。
   A. $CuCl_2$　　　B. $FeCl_2$　　　C. $FeCl_3$　　　D. $AlCl_3$

8. 导致下列现象的主要原因与排放 SO_2 有关的是(　　)。
   A. 酸雨　　　　　B. 光化学烟雾　　　C. 臭氧空洞　　　　　D. 温室效应

9. 下列物质中具有漂白性的是(　　)。
   A. SO_2　　　　B. SO_3　　　　C. HCl　　　　　　　D. H_2S

10. 只用一种试剂可以鉴别 Na_2S、Na_2SO_3、Na_2SO_4,这种试剂是(　　)。
    A. $BaCl_2$　　　B. 稀盐酸　　　　C. 品红溶液　　　　　D. NaOH 溶液

11. 检验 SO_2 气体中是否混有 CO_2 气体,可采用的方法是(　　)。
    A. 通过品红溶液
    B. 通过澄清的石灰水
    C. 先通过 NaOH 溶液,再通过澄清石灰水

D. 先通过酸性 $KMnO_4$ 溶液,再通过澄清石灰水

12. 下列气体中能用浓硫酸干燥的是（　　）。
    ①SO_2　　②CO_2　　③NH_3　　④H_2
    A. ①②　　　　B. ①②③　　　　C. ①②④　　　　D. 全部

13. 下列有关 CH_4、NH_3、H_2S、HCl 的性质比较,正确的是（　　）。
    A. 密度最小的是 HCl
    B. 水溶液碱性最强的是 NH_3
    C. 具有可燃性的只是 CH_4
    D. 气态氢化物最稳定的是 H_2S

14. 既能用浓硫酸又能用碱石灰干燥的气体是（　　）。
    A. NH_3　　　B. O_2　　　C. SO_2　　　D. H_2S

15. 下列关于浓硝酸和浓硫酸的叙述正确的是（　　）。
    A. 常温下都能用铁或铝制容器贮存
    B. 常温下都能与铜剧烈反应
    C. 露置在空气中,容器内酸液的质量都增加
    D. 都能与铁反应生成氢气

16. 能鉴别 Na_2SO_4、NH_4NO_3、KCl、$(NH_4)_2SO_4$ 四种溶液（可以加热）的一种试剂是（　　）。
    A. $BaCl_2$　　　B. $Ba(NO_3)_2$　　　C. $Ba(OH)_2$　　　D. $AgNO_3$

17. 下列各组物质中互为同素异形体的是（　　）。
    A. C_{60} 与石墨　　B. $_1^2H$ 与 $_1^3H$　　C. D_2O 与 T_2O　　D. SO_2 与 SO_3

18. 下列关于硅的说法不正确的是（　　）。
    A. 硅是非金属元素,它的单质是灰黑色有金属光泽的固体
    B. 硅的导电性能介于金属和绝缘体之间,是良好的半导体材料
    C. 硅的化学性质不活泼,常温下不与任何物质反应
    D. 加热到一定温度时,硅能与氢气、氧气等非金属反应

19. 下列反应中,水作为氧化剂的是（　　）。
    A. $Cl_2 + H_2O == HCl + HClO$
    B. $SO_2 + H_2O == H_2SO_3$
    C. $2Na + 2H_2O == 2NaOH + H_2\uparrow$
    D. $2F_2 + 2H_2O == 4HF + O_2$

20. 实现下列变化,需要加入还原剂的是（　　）。
    A. $SO_2 \rightarrow SO_3$　　B. $H_2S \rightarrow S$　　C. $FeCl_3 \rightarrow FeCl_2$　　D. $NH_3 \rightarrow NO$

二、应用题

1. A、B、C、D、E 可能是氯化铵、氢氧化钡、氯化钾、硫酸钾、硫酸铵无色溶液中的一种,将它们两两混合时产生的现象是:①A 和 B 混合产生白色沉淀,加热无明显现象;②B 和 C 混合后也产生白色沉淀,加热后有气体产生,气体能使湿润的红色石蕊试纸变蓝;③B

和 E 混合后无沉淀,但加热后也产生使湿润的红色石蕊试纸变蓝的气体;④D 和任何一种溶液混合后,都无明显现象。根据上述现象回答:

(1)A、B、C、D、E 的化学式:

A _____; B _____; C _____; D _____;
E _____。

(2)写出有关反应的化学方程式:

A+B:

B+C:

B+E:

2. 现有 1 L 98% 的浓硫酸,密度为 1.80 g/cm³:

(1)该硫酸物质的量浓度为多少?

(2)假设该硫酸与铜完全反应,需耗铜多少克?同时生成标准状况下 SO_2 多少升?

3. 用浓盐酸和 MnO_2 反应制取的 Cl_2 通入 KI 溶液中可得到 25.4 克碘,需 MnO_2 至少多少克?

4. 试用化学方程式和相应语言解释"雷雨发庄稼"。

第四章 化学反应速率和化学平衡

第一节 化学反应速率

一、填空题

1. 同一反应里用不同物质浓度变化来表示反应速率时,其数值_____,故应标明是哪种物质表示的化学反应速率,但这些数值表示的意义是_____,均表示该化学反应的快慢。

2. 同一反应里,各物质表示的反应速率之比等于_____。

3. 化学反应速率通常用_____的减少或_____的增大来表示,其单位常用_____或_____。

4. 影响化学反应速率的条件主要是_____、_____、_____、_____,一般来说,当其他条件不变时,增加_____、_____或_____都可以使化学反应速率加大,而_____只对气体反应有影响。

5. 在一个 5 L 的容器里,盛有某气态反应物 8 mol,5 min 后测得这种气态反应物还剩余 5.5 mol,这种反应物的化学反应速率为_____ mol/(L·min)。

6. 在某一化学反应中,反应物 B 的浓度在 5 s 内,从 2.0 mol/L 变成 0.5 mol/L,在这 5 s 内 B 的平均化学速率为_____ mol/(L·s)。

二、选择题

1. 某一反应物的浓度是 1.0 mol/L,经过 20 s 后,它的浓度变成了 0.2 mol/L,在这 20 s 内它的平均反应速率为( )。
   A. 0.04   B. 0.04 mol/(L·s)
   C. 0.8 mol/(L·s)   D. 0.04 mol/L

2. 在下列过程中,需要加快化学反应速率的是( )。
   A. 钢铁腐蚀   B. 食物腐败   C. 炼钢   D. 塑料老化

3. 在 2A+B $\rightleftharpoons$ 3C+4D 反应中,下列表示该反应速率最快的是( )。
   A. $v_{(A)}$=0.5 mol/(L·min)
   B. $v_{(B)}$=0.3 mol/(L·min)
   C. $v_{(C)}$=0.08 mol/(L·min)
   D. $v_{(D)}$=1 mol/(L·min)

4. 合成氨反应 $N_2+3H_2 \rightleftharpoons 2NH_3$ 的反应速率,分别可以用 $v_{(N_2)}$、$v_{(H_2)}$、$v_{(NH_3)}$ 表示[单位

为 mol/(L·s)],则下列关系正确的是( )。

A. $v_{(H_2)} = v_{(N_2)} = v_{(NH_3)}$ B. $v_{(N_2)} = 3v_{(H_2)}$

C. $v_{(NH_3)} = \frac{3}{2}v_{(N_2)}$ D. $v_{(H_2)} = 3v_{(N_2)}$

5. 在 $mA + nB \rightleftharpoons pC$ 的反应中，m、n、p 为各物质的化学计量数，现测得 C 每分钟增加 a mol/L，B 每分钟减少 $1.5a$ mol/L，A 每分钟减少 $0.5a$ mol/L，则 $m:n:p$ 为( )。

A. 2:3:2 B. 2:2:3

C. 1:3:2 D. 3:1:2

6. 实验室用 Zn 粒和浓度为 2 mol/L 的稀 H_2SO_4 反应制取 H_2，为了加快 H_2 的生成速率，有同学提出如下方案，其中可行且效果明显的是( )。

A. 再投入 1~2 粒 Zn 粒

B. 用 4 mol/L 的 H_2SO_4 代替 2 mol/L 的 H_2SO_4

C. 加入适量的水

D. 多用些 2 mol/L 的稀 H_2SO_4

7. 已知 $4NH_3 + 5O_2 \rightleftharpoons 4NO + 6H_2O(g)$，若反应速率分别用 $v_{(NH_3)}$、$v_{(O_2)}$、$v_{(NO)}$、$v_{(H_2O)}$ 表示，单位均为：mol/(L·s) 时，则正确的关系是( )。

A. $\frac{4}{5}v_{(O_2)} = v_{(NO)}$ B. $\frac{1}{5}v_{(NH_3)} = v_{(O_2)}$

C. $\frac{5}{6}v_{(O_2)} = v_{(H_2O)}$ D. $\frac{2}{3}v_{(NH_3)} = v_{(H_2O)}$

8. 设 $C + CO_2 \rightleftharpoons 2CO$（正反应为吸热反应），反应速率为 v_1；$N_2 + 3H_2 \rightleftharpoons 2NH_3$（正反应为放热反应），反应速率为 v_2。当温度升高时，v_1 和 v_2 的变化情况为( )。

A. 都增大 B. 都减小

C. v_1 增大，v_2 减小 D. v_1 减小，v_2 增大

三、判断题(正确的在括号内打"√";错误的在括号内打"×")

1. 催化剂只改变反应速率，但不参加化学反应。（　　）

2. 增加反应物的用量一定可以加快反应速率。（　　）

3. 同一化学反应可以用不同的反应物或生成物来表示其反应速率，但数值均相同。（　　）

4. 升高温度，反应速率一定加快。（　　）

5. 增大压强，反应速率一定加快。（　　）

6. 使用催化剂一定能加快反应速率。（　　）

四、简答题

下列各组物质由相同质量的大理石和适量的盐酸组成。试比较它们反应时放出二氧化碳的速率，并简述理由。

(1) A. 大理石块和 1 mol/L 盐酸　　　　　B. 大理石粉和 1 mol/L 盐酸

(2) A. 大理石块和 2 mol/L 盐酸(20℃)　　B. 大理石块和 2 mol/L 盐酸(40℃)

(3) A. 大理石块和 1 mol/L 盐酸　　　　　B. 大理石块和 2 mol/L 盐酸

第二节 化学平衡

一、填空题

1. 可逆反应是指在_____条件下,能同时向_____进行的反应。

2. 化学平衡状态是指在一定条件下的_____反应,正反应和_____的速率相等,反应混合物中各组成成分_____保持不变的状态,化学平衡是一种_____平衡。

3. 化学平衡常数 K 值,表明反应_____的大小,K 值越大,表明达到平衡时,生成物浓度越____,反应物浓度越____,K 值随____变化而改变,但不随____的改变而改变。

4. 如果改变影响平衡的一个条件(如____、____、____等),平衡就向能够_____的方向移动。这个原理称为吕•查德里原理。

5. 催化剂对化学平衡_____,但能缩短达到平衡所需的_____。

6. 在一定温度下,密闭容器中 A+B⇌2C 类型的反应达到了平衡。
   ① 当增加或减少 A 物质时,平衡不移动,则 A 物质的状态为_____。
   ② 升高温度时,平衡向左移动,正反应为_____反应,升高温度时,正反应速率____,逆反应速率____(填"增大"或"减少")。

7. 在一定条件下,下列反应达到化学平衡:2HI(g)⇌H_2(g)+I_2(g) $\Delta H>0$
   ① 如果升高温度,平衡混合物的颜色____。
   ② 如果加入一定量的 H_2,平衡向____移动。
   ③ 如果使密闭容器的体积增大,平衡____移动。

二、选择题

1. 在一定条件下,使 NO 和 O_2 在一密闭容器中进行反应,下列说法不正确的是(　　)。
   A. 反应开始时,正反应速率最大,逆反应速率为零
   B. 随着反应的进行,正反应速率逐渐减小,最后为零
   C. 随着反应的进行,逆反应速率逐渐增大,最后不变
   D. 随着反应的进行,正反应速率逐渐减小,最后不变

2. 在一定条件下,在一密闭容器中进行反应,P(g)+Q(g)⇌R(g)+S(g),下列说法中可以充分说明这一反应已经达到化学平衡状态的是(　　)。
   A. P、Q、R、S 的浓度相等
   B. P、Q、R、S 在密闭容器中共存
   C. P、Q、R、S 的浓度不再变化
   D. 用 P 的浓度表示的化学反应速率与用 Q 的浓度表示的化学反应速率相等

3. 一定温度下,向 a L密闭容器中加入 2 mol NO_2(g),发生如下反应:$2NO_2 \rightleftharpoons 2NO + O_2$,此反应达到平衡状态的标志是(　　)。

   A. 混合气体的颜色变深

   B. 混合气体的颜色变浅

   C. 混合气体中 NO_2、NO、O_2 的物质的量之比为 2∶2∶1

   D. 单位时间内生成 $2n$ mol NO 同时生成 $2n$ mol NO_2

4. 在一定条件下,发生 $CO + NO_2 \rightleftharpoons CO_2 + NO$ 的反应,达到平衡后降低温度,混合物的颜色变浅,下列有关该反应的说法中正确的是(　　)。

   A. 正反应为吸热反应

   B. 正反应为放热反应

   C. 降温后 CO 的浓度增大

   D. 降温后各物质的浓度不变

5. 下列各反应达到化学平衡后,加压或降温都能使化学平衡向逆反应方向移动的是(　　)。

   A. $C_{(S)} + CO_2 \rightleftharpoons 2CO$　　（正反应为吸热反应）

   B. $2NO_2 \rightleftharpoons N_2O_4$　　（正反应为放热反应）

   C. $N_2 + 3H_2 \rightleftharpoons 2NH_3$　　（正反应为放热反应）

   D. $H_2S \rightleftharpoons H_2 + S_{(S)}$　　（正反应为吸热反应）

6. 可逆反应 $2SO_2 + O_2 \rightleftharpoons 2SO_3$ $\Delta H < 0$,达到平衡后在恒温条件下,扩大容器体积,则(　　)。

   A. $v_正$、$v_逆$ 都不变,平衡不移动

   B. $v_正$、$v_逆$ 均减小,平衡左移

   C. $v_正$ 减小,$v_逆$ 增大,平衡左移

   D. $v_正$ 减小,$v_逆$ 不变,平衡右移

7. 反应 $FeCl_3 + 3NH_4SCN \rightleftharpoons Fe(SCN)_3 + 3NH_4Cl$ 达到平衡后,可使其颜色变深的措施是(　　)。

   A. 加水稀释

   B. 加大压强

   C. 滴入少量饱和 $FeCl_3$ 溶液

   D. 加入 NH_4Cl 晶体

8. 在一密闭烧瓶中注入 NO_2,在25℃时建立下列平衡:$2NO_2 \rightleftharpoons N_2O_4 + Q$,若把烧瓶置于100℃的沸水中,下列情况:①颜色②平均摩尔质量③质量④压强⑤密度中不变的是(　　)。

A. ③⑤   B. ③④   C. ②④   D. ①③

三、判断题(正确的在括号内打"√"；错误的在括号内打"×")

1. 一可逆反应达到平衡后，$v_正 = v_逆 = 0$。 （ ）
2. 一可逆反应达到平衡后，加入某种反应物，平衡一定移动。 （ ）
3. 一可逆反应达到平衡后，增大体系压强，平衡一定移动。 （ ）
4. 一可逆反应达到平衡后，升高体系温度，平衡一定移动。 （ ）
5. 平衡常数 K 值越大，正反应进行得越彻底。 （ ）
6. 对某可逆反应，若一定程度上，混合体系密度不变，则一定达到化学平衡。 （ ）
7. 已知 $N_2O_4(g) \rightleftharpoons 2NO_2(g)$，改变条件，平衡正向移动，则体系颜色一定变深。 （ ）
8. 对已达平衡状态的可逆反应中，加入催化剂，正逆反应速率均增大，但平衡不移动。 （ ）

四、应用题

1. 下列数据是一些反应的平衡常数，试判断哪个反应进行得最接近完全？哪个反应进行得最不完全？

   (1) $K = 1$ (2) $K = 10$ (3) $K = 1 \times 10^{-1}$ (4) $K = 1 \times 10^{10}$

   (5) $K = 1 \times 10^{-10}$

2. 当人体吸入较多量的一氧化碳时，就会引起一氧化碳中毒，这是由于一氧化碳跟血液里的血红蛋白结合，使血红蛋白不能很好地跟氧气结合而失去携氧功能，人因缺少氧气而窒息，甚至死亡，这个反应达到平衡时可表示如下：

$$血红蛋白－O_2 + CO \rightleftharpoons 血红蛋白－CO + O_2$$

   试运用化学平衡理论，简述抢救一氧化碳中毒患者应采取哪些措施。

第四章检测题

一、选择题

1. 在某温度下,将 0.64 mol H_2 和 0.64 mol I_2(g)通入一个容积为 10 L 的密闭容器里经过 5 min,当反应达到平衡时,测知容器中有 1 mol HI 气体,用 H_2 浓度的变化来表示这 5 min 内的平均反应速率为（　　）mol/(L·min)。

   A. 0.01　　　　　B. 0.02　　　　　C. 0.05　　　　　D. 0.1

2. 在 $N_2+3H_2 \rightleftharpoons 2NH_3$ 的反应中,经过一段时间,NH_3 的浓度增加 0.6 mol/L,在此时间内用 H_2 表示的平均反应速率为 0.45 mol/(L·s),则所经过的时间是（　　）。

   A. 0.44 s　　　　B. 1 s　　　　　C. 1.33 s　　　　D. 2 s

3. 常温下分别将 4 块形状相同质量均为 7 g 的铁片同时投入下列 4 种溶液中,铁块首先溶解完的是（　　）。

   A. 250.0 mL 2 mol/L HCl　　　　　B. 150 mL 2 mol/L H_2SO_4

   C. 500 mL 1 mol/L HCl　　　　　　D. 30 mL 3 mol/L HCl

4. 将 0.1 mol/L 稀硫酸以相同体积与下列处于不同条件下的硫代硫酸钠溶液等体积混合,其中出现混浊最快的是（　　）。

   A. 10 ℃,0.1 mol/L　　　　　　　　B. 10 ℃,0.05 mol/L

   C. 20 ℃,0.05 mol/L　　　　　　　　D. 20 ℃,0.1 mol/L

5. 化学平衡主要研究下列哪一类反应的规律（　　）。

   A. 可逆反应　　　B. 任何反应　　　C. 部分反应　　　D. 气体反应

6. 在一定温度下,反应 A_2(g)+B_2(g)$\rightleftharpoons$2AB(g)达到平衡的标志是（　　）。

   A. 单位时间生成 n mol 的 A_2,同时生成 n mol 的 AB

   B. 密器内的总压不随时间变化

   C. 单位时间生成 $2n$ mol 的 AB 同时生成 n mol 的 B_2

   D. 单位时间生成 n mol 的 A_2 同时生成 n mol 的 B_2

7. 对于反应 NaOH+HCl===NaCl+H_2O 的反应速率几乎没有影响的因素是（　　）。

   A. 温度　　　　　　　　　　　　　B. 压强

   C. NaCl 溶液的浓度　　　　　　　　D. NaOH 溶液的浓度

8. 下列化学反应中不是可逆反应的有（　　）。

   A. N_2、H_2 在一定条件下合成氨

   B. 在密闭容器中混合 CO 和灼热的水蒸气

   C. 在密闭容器中高温加热 $CaCO_3$

D. NaOH 溶液和 HNO₃ 溶液中和反应

9. 下列选择中,决定化学反应速率的主要因素有(　　)。
①温度,②压强,③催化剂,④浓度,⑤反应物本身的性质
　　A. ①②③④⑤　　　B. ⑤　　　C. ①④　　　D. ①②③④

10. 对于可逆反应 M+N $\rightleftharpoons$ Q 达到平衡时,下列说法正确的是(　　)。
　　A. M、N、Q 三种物质的浓度一定相等　　B. M、N 全部生成了 Q
　　C. 反应混合物各组分的质量分数不变　　D. 反应已经停止

11. Cl₂ 通入水中发生如下反应 Cl₂+H₂O $\rightleftharpoons$ HCl+HClO,欲增大所得溶液中 HClO 的浓度,应采取的措施为(　　)。
　　A. 加 Na₂CO₃ 固体　　　　　　　B. 加 NaOH 固体
　　C. 加水　　　　　　　　　　　　D. 通入 NH₃

12. 对于任何一个化学平衡,采取以下措施,一定会使平衡移动的是(　　)。
　　A. 加入一种反应物　　　　　　　B. 升高温度
　　C. 增加压强　　　　　　　　　　D. 使用催化剂

13. 可逆反应 2AB(g) $\rightleftharpoons$ A₂(g)+B₂(g) 压强增加时,其影响是(　　)。
　　A. 正反应速率比逆反应速率增大得多　　B. 逆反应速率比正反应速率增大得多
　　C. 相同程度地增大正、逆反应速率　　　D. 正逆反应速率不变

14. 反应 4NH₃(g)+5O₂(g) $\rightleftharpoons$ 4NO(g)+6H₂O(g) 在 10 L 密闭容器中进行半分钟后,水蒸气的物质的量增加了 0.45 mol,则此反应的平均速率 $v_{(x)}$ 表示为(　　)mol/(L·min)。
　　A. $v_{(NH_3)}$=0.010　　　　　　B. $v_{(O_2)}$=0.00125
　　C. $v_{(NO)}$=0.060　　　　　　　D. $v_{(H_2O)}$=0.045

15. 压强变化不会使下列化学反应的平衡发生移动的是(　　)。
　　A. H₂(g)+I₂(g) $\rightleftharpoons$ 2H₂(g)　　　B. 3H₂(g)+N₂(g) $\rightleftharpoons$ 2NH₃(g)
　　C. 2SO₂(g)+O₂(g) $\rightleftharpoons$ 2SO₃(g)　　D. C(s)+CO₂(g) $\rightleftharpoons$ 2CO(g)

16. 下列关于化学平衡的说法,不正确的是(　　)。
　　A. 反应物减少浓度和生成物增加的浓度不一定相等
　　B. 正逆反应速率相等
　　C. 反应混合物里各组成成分的质量分数相等
　　D. 化学平衡是动态平衡

17. 在密闭系统中进行下列反应:2NO₂(g) $\rightleftharpoons$ N₂O₄(g),降低温度,气体颜色浅了,此现象说明(　　)。
　　A. 正反应速率加快了　　　　　　B. 逆反应速率加快了
　　C. 正反应是吸热反应　　　　　　D. 逆反应是吸热反应

18. 在下列平衡体系中,降温或加压都能使平衡向左移动的反应是(　　)。

　　A. $CaO+CO_2 \rightleftharpoons CaCO_3$　$\Delta H<0$　　B. $C+H_2O(g) \rightleftharpoons CO+H_2$　$\Delta H>0$

　　C. $N_2+O_2 \rightleftharpoons 2NO$　$\Delta H>0$　　D. $2NO_2 \rightleftharpoons N_2O_4$　$\Delta H<0$

19. 在 $2NO+O_2 \rightleftharpoons 2NO_2$　$\Delta H<0$ 平衡体系中,通入 O_2,平衡(　　)。

　　A. 向正反应方向移动　　　　　　B. 向逆反应方向移动

　　C. 不移动　　　　　　　　　　　D. 无法判断

20. 下列说法不正确的是(　　)。

　　A. 表示某个化学反应的反应速率时,必须注明是以反应中哪种物质表示的

　　B. 反应物质全部是固体或液体时,压强对它们的反应速率几乎无影响

　　C. 催化剂在化学反应前后,本身的质量和化学性质没有变化

　　D. 对于一个可逆反应,化学平衡常数 K 值不受温度变化的影响,而受浓度变化的影响

二、解答题

1. 牙齿的损坏实际是牙釉质[$Ca_5(PO_4)_3OH$]溶解的结果,在口腔中存在着如下平衡:

$$Ca_5(PO_4)_3OH \rightleftharpoons 5Ca^{2+}(aq)+3PO_4^{3-}(aq)+OH^-(aq)$$

当糖附着在牙齿上发酵时,会产生 H^+,试运用化学平衡理论说明经常吃甜食对牙齿的影响。

2. 下列反应达到平衡时:

$$2SO_2(g)+O_2(g) \rightleftharpoons 2SO_3(g) \quad \Delta H<0$$

如果在其他条件不变时,分别改变下列条件:①增大压强;②增大 O_2 的浓度;③减少 SO_3 的浓度;④升高温度;⑤使用催化剂,对化学平衡有影响吗?怎样影响?

3. 在水溶液中橙红色的 $Cr_2O_7^{2-}$ 与黄色的 CrO_4^{2-} 有下列平衡关系：$Cr_2O_7^{2-}+H_2O \rightleftharpoons 2CrO_4^{2-}+2H^+$ 把 $K_2Cr_2O_7$ 溶于水配成稀溶液是橙色。

   a. 向上述溶液中加入 NaOH 溶液，溶液呈_____色，因为_____。

   b. 向已加入 NaOH 溶液的上述溶液中，再加入过量 H_2SO_4，则溶液呈____色，因为_____。

   c. 向原溶液中加入 $Ba(NO_3)_2$ 溶液（已知 $BaCrO_4$ 为黄色沉淀），则平衡_____，溶液将逐渐变为无色。

4. 一定量 A，B 在 2 L 的密闭容器中进行反应 $A(g)+B(g) \rightleftharpoons 2C(g)$，2 min 后，参加反应的各物质的浓度分别为 $C_{(A)}=0.5$ mol/L；$C_{(B)}=0.75$ mol/L；$C_{(C)}=0.5$ mol/L，试计算 A 和 B 起始的物质的量。

第五章 电解质溶液

第一节 强弱电解质

一、填空题

1. 下列物质中，_____是强电解质；_____是弱电解质；_____是非电解质。
   ①碘化钾　②蔗糖　③醋酸　④醋酸钠　⑤酒精　⑥汽油　⑦硝酸　⑧氢氧化钠

2. 在弱电解质的电离过程中，分子电离成离子的速率逐渐_____，同时离子结合成分子的速率逐渐_____，在一定条件下，当二者的速率_____时，就达到了_____状态。

3. 在 CH_3COOH 溶液中存在如下平衡：$CH_3COOH \rightleftharpoons H^+ + CH_3COO^-$ 向该溶液中分别加入下列物质少量溶液，对平衡如何影响？

   少量 NaOH 溶液_____

   少量 HCl 溶液_____

   少量 CH_3COONa 溶液_____

二、选择题

1. 对于弱电解质溶液，下列说法正确的是(　　)。
   A. 溶液中没有溶质分子只有离子
   B. 溶液中没有离子，只有分子
   C. 溶液中溶质分子和离子同时存在
   D. 在电离平衡式中不能用"="表示，可用"→"表示

2. 下列电离方程式中，正确的是(　　)。
   A. $NH_3 \cdot H_2O \rightleftharpoons NH_4^+ + OH^-$
   B. $H_2SO_4 \rightleftharpoons H_2^+ + SO_4^{2-}$
   C. $H_2CO_3 \rightleftharpoons 2H^+ + CO_3^{2-}$
   D. $NaOH \rightleftharpoons Na^+ + OH^-$

3. 下列物质的水溶液能导电，但属于非电解质的是(　　)。
   A. CH_3COOH　　B. Cl_2　　C. NH_4HCO_3　　D. SO_3

4. 下列各组物质全部是弱电解质的是(　　)。
   A. HF　$NH_3 \cdot H_2O$　HCl
   B. $NH_3 \cdot H_2O$　$Al(OH)_3$　HCN
   C. AgF　H_2SO_4　$Ba(OH)_2$
   D. $BaSO_4$　H_2S　H_3PO_4

5. 下列各组物质中，前者为强电解质，后者为弱电解质的是(　　)。
   A. 硫酸　硫酸钡
   B. 苛性钠　硫化氢
   C. 食盐　浓氨水
   D. 三氧化硫　二氧化硫

6. 下列关于电解质电离的叙述中,正确的是(　　)。

　　A. $BaSO_4$ 在水中溶解度很小,其溶液的导电能力很差,所以 $BaSO_4$ 是弱电解质

　　B. 水难电离,纯水几乎不导电,所以水是弱电解质

　　C. 液态 HCl 不能电离,所以不是电解质

　　D. 氯气、氨气的水溶液导电性都很好,所以它们是强电解质

7. 已知 HAc 的 $K_a=1.76×10^{-5}$,HCN 的 $K_a=4.93×10^{-10}$,HF 的 $K_a=3.5×10^{-4}$,则这三种酸的相对强弱顺序是(　　)。

　　A. HF>HAc>HCN　　　　　　B. HF>HCN>HAc

　　C. HAc>HCN>HF　　　　　　D. HCN>HAc>HF

三、判断题(正确的在括号内打"√";错误的在括号内打"×")

1. 盐酸是强电解质。　　　　　　　　　　　　　　　　　　　　　　　　(　　)
2. 硫酸是强电解质。　　　　　　　　　　　　　　　　　　　　　　　　(　　)
3. 氢氧化钠溶液是强电解质。　　　　　　　　　　　　　　　　　　　　(　　)
4. 硫化氢气体是非电解质。　　　　　　　　　　　　　　　　　　　　　(　　)
5. 强电解质溶液的导电性一定比弱电解质强。　　　　　　　　　　　　　(　　)
6. 电离常数既随浓度的变化而变化,又随温度的变化而变化。　　　　　　(　　)

四、应用题

1. 在溶液导电性实验装置里注入浓醋酸溶液时,灯光很暗,如果改用氨水,结果相同,可是把上述两种溶液混合起来实验时,灯光却十分明亮,为什么?

2. 写出下列电离方程式。

　　(1)$(NH_4)_2SO_4$ 溶于水:＿＿＿＿＿＿＿＿＿＿＿＿＿＿＿＿＿＿＿＿。

　　(2)HF 溶于水:＿＿＿＿＿＿＿＿＿＿＿＿＿＿＿＿＿＿＿＿＿＿＿＿。

　　(3)$NaHCO_3$ 溶于水:＿＿＿＿＿＿＿＿＿＿＿＿、＿＿＿＿＿＿＿＿＿＿＿。

第二节 水的离子积和溶液的pH值

一、填空题

1. 纯水是一种极弱的电解质,它能微弱地电离出_____和_____;在25℃时,水电离出的 H^+ 和 OH^- 浓度为_____,其离子浓度的乘积为_____,该乘积叫做_____。

2. 下列溶液中:
   ① 0.1 mol/L HCl 溶液　② 0.1 mol/L H_2SO_4 溶液　③ 0.1 mol/L NaOH 溶液
   ④ 0.1 mol/L CH_3COOH 溶液
   $C_{(H^+)}$ 由小到大的排列顺序是_____

3. (1) 在某溶液中滴加石蕊试液,若溶液呈红色,则说明该溶液为_____性。
   (2) 在某溶液中滴加酚酞试液,若溶液呈红色,则说明该溶液为_____性。
   (3) 用pH试纸测得某溶液pH=3,说明该溶液为_____性。

二、选择题

1. 下列说法正确的是(　　)。
   A. HCl 溶液中无 OH^-
   B. NaOH 溶液中无 H^+
   C. NaCl 溶液中既无 H^+,又无 OH^-
   D. 常温下,任何物质的稀溶液中都有 H^+ 和 OH^-,且 $Kw = C_{(H^+)} \cdot C_{(OH^-)} = 10^{-14}$

2. 25℃时,0.1mol/L 的 NaOH 溶液中,水的离子积是(　　)。
   A. 1×10^{-14}　　B. 大于 1×10^{-14}　　C. 小于 1×10^{-14}　　D. 0.1

3. 下列溶液肯定显酸性的是(　　)。
   A. 含 H^+ 的溶液　　　　　　　　B. 能使酚酞显无色的溶液
   C. pH<7 的溶液　　　　　　　　D. $[OH^-]<[H^+]$ 的溶液

4. 相同物质的量浓度的下列溶液中pH最大的是(　　)。
   A. $NH_3 \cdot H_2O$　　B. KOH　　C. HCl　　D. H_2SO_4

5. 下列溶液的pH值最小的是(　　)。
   A. 500 mL 0.10 mol/L HCl 溶液　　　B. 250 mL 0.15 mol/L HCl 溶液
   C. 250 mL 0.12 mol/L H_2SO_4 溶液　　D. 500 mL 0.10 mol/L H_2SO_4 溶液

6. 在 48 mL 0.1 mol/L HNO_3 溶液中加入 12 mL 0.4 mol/L KOH 溶液,所得到的溶液是(　　)。
   A. 弱酸性　　　B. 强酸性　　　C. 碱性　　　D. 中性

7. 用 pH 试纸测定某无色溶液的 pH 时,规范的操作是(　　)。

   A. 将试纸放入溶液中,观察其颜色变化,跟标准比色卡比较

   B. 将溶液倒在试纸上跟标准比色卡对比

   C. 用干燥洁净的玻璃棒蘸取待测溶液,滴在试纸上,跟标准比色卡对比

   D. 在试管内放入少量待测液,煮沸,把试纸放在管口,观察颜色,跟标准比色卡对比

三、判断题(正确的在括号内打"√";错误的在括号内打"×")

1. 水的离子积在任何温度下都是 1×10^{-14}。　　　　　　　　　　　　　(　　)
2. 酸性溶液中没有 OH^- 离子。　　　　　　　　　　　　　　　　　　　　(　　)
3. 碱性溶液中没有 H^+ 离子。　　　　　　　　　　　　　　　　　　　　(　　)
4. pH 越小,说明溶液的酸性越强。　　　　　　　　　　　　　　　　　　(　　)
5. pH=7,说明该溶液为中性。　　　　　　　　　　　　　　　　　　　　(　　)
6. 溶液酸性越强,pH 越小,$[H^+]$ 越大。　　　　　　　　　　　　　　　　(　　)

四、应用题

1. 酸性溶液里有没有 OH^-? 碱性溶液里有没有 H^+? 为什么?

2. A、B、C 三种溶液,其中 A 的 pH=5,B 中 $[H^+]=1\times10^{-3}$ mol/L,C 中 $[OH^-]=1\times10^{-2}$ mol/L,比较 A、B、C 三种溶液的酸性强弱。

3. 将 pH=12 和 pH=10 的 NaOH 溶液等体积混合后,溶液的 pH 为多少?

第三节　离子反应

一、填空题

1. _____叫离子方程式。

2. 以盐酸与氢氧化钠溶液反应为例，正确书写离子方程式的步骤_____

   _____

   _____。

3. 离子方程式检验的依据是_____守恒和_____守恒。

二、选择题

1. 下列反应的离子方程式书写正确的是(　　)。
   A. 氨气通入醋酸溶液中　$CH_3COOH+NH_3=CH_3COONH_4$
   B. 澄清石灰水跟盐酸反应　$H^++OH^-=H_2O$
   C. 碳酸钡溶于醋酸　$BaCO_3+2H^+=Ba^{2+}+H_2O+CO_2\uparrow$
   D. 氯气跟水反应　$2Cl_2+2H_2O=2H^++Cl^-+ClO^-$

2. 下列离子方程式中，正确的是(　　)。
   A. 稀硫酸滴在铜片上　$Cu+2H^+=Cu^{2+}+H_2\uparrow$
   B. 硫酸钠溶液与氯化钡溶液反应　$SO_4^{2-}+Ba^{2+}=BaSO_4\downarrow$
   C. 盐酸滴在石灰石上　$CO_3^{2-}+2H^+=H_2O+CO_2\uparrow$
   D. 硫酸铜和烧碱溶液混合　$Cu^{2+}+2OH^-+SO_4^{2-}+2Na^+=Cu(OH)_2\downarrow+Na_2SO_4$

3. 下列中和反应对应的离子方程式能以 $H^++OH^-=H_2O$ 表示的是(　　)。
   A. 醋酸和氢氧化钠溶液　　　　　　B. 氢氧化镁和盐酸
   C. 氢氧化钡和稀硫酸　　　　　　　D. 氢氧化钠和硝酸

4. 在 $Cl_2+S^{2-}=2Cl^-+S\downarrow$ 的离子反应中，S^{2-} 代表的硫化物可以是(　　)。
   A. Na_2S　　　　B. CuS　　　　C. H_2S　　　　D. $NaHS$

5. 在 $xR^{2+}+yH^++O_2=mR^{3+}+nH_2O$ 的离子反应中，系数 y 的值为(　　)。
   A. 1　　　　　　B. 2　　　　　　C. 3　　　　　　D. 4

6. 当溶液中有较多量 H^+ 和 Ba^{2+} 时，下列离子有可能大量存在的是(　　)。
   A. SO_4^{2-}　　　　B. SO_3^{2-}　　　　C. Cl^-　　　　D. CO_3^{2-}

7. 下列各组溶液中的离子，能大量共存的是(　　)。
   A. Na^+、H^+、NO_3^-、OH^-　　　　　B. Ca^{2+}、K^+、OH^-、CO_3^{2-}
   C. NH_4^+、Fe^{3+}、Cl^-、SO_4^{2-}　　　D. K^+、H^+、Cl^-、CO_3^{2-}

8. 在溶液中能共存,加入 OH^- 有沉淀析出,加入 H^+ 能放出气体的是(　　)。

　A. Na^+、Ca^{2+}、Cl^-、HCO_3^-　　　　B. Ba^{2+}、K^+、OH^-、NO_3^-

　C. Mg^{2+}、Na^+、Cl^-、CO_3^{2-}　　　　D. H^+、Cu^{2+}、NH_4^+、SO_4^{2-}

三、判断题(正确的在括号内打"√",错误的在括号内打"×")

1. H_2S 和 SO_2 接触能生成 S 和 H_2O 的反应属于离子反应。　　　　　　　(　　)
2. 离子反应发生的条件是①生成难溶性物质;②生成挥发性物质;③生成弱电解质。(　　)
3. 离子反应发生的三个条件必须同时存在,缺一不可。　　　　　　　　　　　　(　　)
4. 在离子方程式中,难溶性的强电解质可以写成离子式。　　　　　　　　　　　(　　)
5. 在离子方程式中,单质、非电解质、挥发性物质不可以写成离子形式。　　　　(　　)
6. 在离子方程式中,弱电解质可以写成离子式,但要用"⇌"表示。　　　　　　　(　　)
7. 一个化学方程式只能用一个离子方程式表示,一个离子方程式可以表示一系列化学方
　　程式。　　　　　　　　　　　　　　　　　　　　　　　　　　　　　　　　(　　)

四、应用题

1. 在四个脱落标签的试剂瓶中,分别盛有盐酸,Na_2CO_3 溶液,$AgNO_3$ 溶液,$BaCl_2$ 溶液,为了鉴别各瓶中的试剂,将它们分别编号为①②③④,并两两混合,实验现象为:

　①＋②产生无色气体　②＋③产生白色沉淀　①＋④产生白色沉淀

　①＋③无明显变化

　(1)由此推出各试剂瓶所盛的试剂为:

　　① _____ ;　② _____ ;　③ _____ ;　④

　　 _____ 。

　(2)①＋②反应的离子方程式为_____。

　　①＋④反应的离子方程式为_____。

2. 用离子方程式表示下列各反应:

　(1)碳酸钙和盐酸反应:_____。

　(2)$FeCl_3$ 溶液与 NaOH 溶液反应:_____。

　(3)醋酸与氢氧化钠溶液反应:_____。

　(4)锌和硫酸铜溶液反应:_____。

　(5)氢氧化钡和硫酸溶液反应:_____。

第四节 盐的水解

一、填空题

1. 盐的水解反应的实质是_____,它可以看作是_____反应的逆反应。

2. 强酸弱碱形成的盐,其水溶液呈_____;强碱弱酸形成的盐,其水溶液呈_____;强碱强酸形成的盐,其水溶液呈_____。

3. 在配制 $Al_2(SO_4)_3$ 溶液时,为了防止发生水解,可以加入少量的_____;在配制 Na_2S 溶液时,为了防止发生水解可以加入少量的_____。

4. 用玻璃棒蘸取少量 NH_4Cl 溶液与 pH 试纸接触时,试纸显示的颜色与标准色卡相比,可发现 NH_4Cl 溶液的 pH ____ 7,显 ____ 性,其原因可以用离子方程式表示为_____。

二、选择题

1. 在盐类的水解过程中,下列叙述正确的是( )。
   A. 盐的电离平衡被破坏　　　　B. 水的电离平衡被破坏
   C. 没有化学反应发生　　　　　D. 溶液的 pH 一定变大

2. 下列盐类水解离子方程式中正确的是( )。
   A. $CH_3COONa:CH_3COO^- + H_2O \rightleftharpoons CH_3COOH + OH^-$
   B. $NaHCO_3:HCO_3^- + H_2O \rightleftharpoons H_2CO_3 + OH^-$
   C. $Al_2(SO_4)_3:Al^{3+} + 3H_2O \rightleftharpoons Al(OH)_3 \downarrow + 3H^+$
   D. $Na_2S:S^{2-} + 2H_2O \rightleftharpoons H_2S + 2OH^-$

3. 下列各方程式中,属于水解反应的是( )。
   A. $H_2O + H_2O \rightleftharpoons H_3O^+ + OH^-$　　B. $OH^- + HCO_3^- \rightleftharpoons H_2O + CO_3^{2-}$
   C. $CO_2 + H_2O \rightleftharpoons H_2CO_3$　　　　　D. $CO_3^{2-} + H_2O \rightleftharpoons HCO_3^- + OH^-$

4. KCl 溶液呈( )。
   A. 酸性　　　　B. 碱性　　　　C. 中性　　　　D. 无法确定

5. $AgNO_3$ 溶液呈( )。
   A. 酸性　　　　B. 碱性　　　　C. 中性　　　　D. 无法确定

6. 能够说明氨水是弱碱的事实是( )。
   A. 氨水具有挥发性　　　　　　B. 氨水具有刺激性气味
   C. 1 mol/L NH_4Cl 溶液 pH=5　D. 氨水与 $AlCl_3$ 溶液反应生成 $Al(OH)_3$ 沉淀

7. 相同温度,相同物质的量浓度的 4 种溶液:①Na_2CO_3,②$NaHSO_4$,③$NaCl$,④$NaHCO_3$,按 pH 由大到小的顺序排列,正确的是( )。

A. ④①③② B. ①④③② C. ①②③④ D. ④③①②

8. 在 Na_2S 溶液中，$C(Na^+)$ 和 $C(S^{2-})$ 的关系是（　　）。

   A. $C(Na^+)=C(S^{2-})$ B. $C(Na^+):C(S^{2-})=2:1$

   C. $C(Na^+):C(S^{2-})>2:1$ D. $C(Na^+):C(S^{2-})<2:1$

9. 配制 $FeSO_4$ 溶液时，为防止水解的最佳方法是（　　）。

   A. 加入少量的 Fe B. 加入少量的 NaOH 溶液

   C. 加入少量的 HCl 溶液 D. 加入少量的 H_2SO_4

三、判断题（正确的在括号内打"√"，错误的在括号内打"×"）

1. Na_2CO_3 和 $NaHCO_3$ 溶液都呈碱性，但前者碱性要更强些。（　　）

2. $(NH_4)_2SO_4$ 溶液呈酸性，所以溶液中 $[SO_4^{2-}]>[NH_4^+]$。（　　）

3. 影响盐水解的主要因素是盐的本性。（　　）

4. 因为醋酸的酸性比氢硫酸的要强，所以 NaAC 溶液的碱性比 Na_2S 溶液的碱性强。

   （　　）

四、应用题

1. 写出下列盐发生水解反应的离子方程式，并说明其溶液的酸碱性

   ① NH_4NO_3：_____。

   ② CH_3COOK：_____。

   ③ $Al_2(SO_4)_3$：_____。

   ④ $NaHCO_3$：_____。

2. 实验室保存 $FeCl_3$ 溶液，要在溶液中加入少量盐酸，为什么？

3. 草木灰是农村常用的钾肥，它含有 K_2CO_3，试说明为什么草木灰不宜与用作氮肥的铵盐混合使用。

第五章检测题

一、选择题

1. 下列物质中属于强电解质的是(　　)。

    A. SO_3　　　　B. $BaSO_4$　　　　C. HF　　　　D. H_2S

2. 下列物质的水溶液,其 pH>7 的是(　　)。

    A. Na_2CO_3　　B. Na_2SO_4　　　C. NH_4NO_3　　D. KNO_3

3. 在 0.1 mol/L Na_2CO_3 溶液中,下列表示离子浓度的关系,正确的是(　　)。

    A. $C(Na^+)=2C(CO_3^{2-})$　　　　　B. $C(CO_3^{2-})=2C(Na^+)$

    C. $C(CO_3^{2-})>2C(Na^+)$　　　　　D. $C(Na^+)>2C(CO_3^{2-})$

4. 相同物质的量浓度的下列溶液中 pH 最大的是(　　)。

    A. KOH　　　　　　　　　　　B. $NH_3·H_2O$

    C. HCl　　　　　　　　　　　D. H_2SO_4

5. 在 0.1 mol/L 的 HF 溶液中存在着下列电离平衡:$HF \rightleftharpoons H^+ + F^-$,如想使 $C(H^+)$ 减小,可加入下列物质(　　)。

    A. 氯化钠　　　　　　　　　　B. 氢氧化钠

    C. 同浓度的氢氟酸溶液　　　　D. 盐酸

6. 一定温度下,有①HCl ②H_2SO_4 ③CH_3COOH 三种酸,将 $C(H^+)$ 相同的三种酸均稀释 5 倍后,$C(H^+)$ 排列顺序为(　　)。

    A. ①=②=③　　B. ①=②>③　　C. ①=②<③　　D. ①>②>③

7. 在 pH=1 含 Ba^{2+} 的溶液中,能大量存在的离子是(　　)。

    A. ClO^-　　　B. Cl^-　　　C. AlO_2^-　　　D. SO_4^{2-}

8. 向 K_2CO_3 溶液滴入 2 滴酚酞试液,溶液呈粉红色,微热则溶液的颜色(　　)。

    A. 不变　　　　B. 加深　　　　C. 变浅　　　　D. 消失

9. 下列事实中,能证明氯化氢是共价化合物是(　　)。

    A. 氯化氢易溶于水　　　　　　B. 氯化氢水溶液能导电

    C. 液态氯化氢不导电　　　　　D. 氯化氢不易分解

10. 下列各溶液的 pH 相同时,物质的量浓度最大的是(　　)。

    A. $NH_3·H_2O$　　B. $NaOH$　　　C. KOH　　　D. $Ba(OH)_2$

11. 往纯水中加入下列物质,能使水的电离平衡发生移动的是(　　)。

    A. $NaCl$　　　B. $NaNO_3$　　　C. $NaOH$　　　D. 酒精

12. 下列各式中属于正确的水解反应离子方程式的是(　　)。

A. $CH_3COOH + OH^- \rightleftharpoons CH_3COO^- + H_2O$

B. $CH_3COOH + H_2O \rightleftharpoons CH_3COO^- + H_3O^+$

C. $S^{2-} + H_2O \rightleftharpoons H_2S + 2OH^-$

D. $NH_4^+ + H_2O \rightleftharpoons NH_3 \cdot H_2O + H^+$

13. 下列化学反应能用同一离子方程式 $CO_3^{2-} + 2H^+ \rightleftharpoons CO_2\uparrow + H_2O$ 来表示的是( )。

    ①稀硝酸和碳酸钠溶液　②稀硫酸和碳酸钾溶液　③大理石和盐酸
    ④醋酸溶液和 Na_2CO_3 溶液

    A. ①②　　　　　B. ②③　　　　　C. ③④　　　　　D. ①④

14. 下列叙述正确的是( )。

    A. 固体氯化钠不导电,所以氯化钠是非电解质

    B. 铜丝能导电,所以铜是电解质

    C. 氯化氢水溶液能导电,所以氯化氢是电解质

    D. 三氧化硫溶于水能导电,所以三氧化硫是电解质

15. 下列离子方程式正确的是( )。

    A. 钠与水反应:$Na + H_2O = Na^+ + OH^- + H_2\uparrow$

    B. 氯气与氯化亚铁溶液反应:$Cl_2 + Fe^{2+} = 2Cl^- + Fe^{3+}$

    C. 铝与硝酸铜溶液反应:$Al + Cu^{2+} = Al^{3+} + Cu$

    D. 氯化铁溶液与铜单质反应:$2Fe^{3+} + Cu = 2Fe^{2+} + Cu^{2+}$

16. 90℃时,水的离子积 $K_w = 3.8 \times 10^{-13}$,该温度时纯水中 $C(H^+)$ 为( )。

    A. 小于 10^{-7} mol/L　　　　　　B. 大于 10^{-7} mol/L

    C. 等于 10^{-7} mol/L　　　　　　D. 无法判断

17. 物质的量浓度相同的 3 种盐:NaX、NaY、NaZ 的溶液,其 pH 依次为 8、9、10,则 HX、HY、HX 的酸性由强到弱的顺序是( )。

    A. HX>HZ>HY　　B. HZ>HY>HX　　C. HX>HY>HZ　　D. HY>HZ>HX

18. 下列各组离子中,能大量共存的是( )。

    A. Ag^+、NO_3^-、Cl^-、K^+　　　　　　B. Fe^{2+}、Cl^-、SO_4^{2-}、H^+

    C. Al^{3+}、Cl^-、HCO_3^-、Na^+　　　　D. NH_4^+、Na^+、Cl^-、HCO_3^-

19. NH_4Cl 溶液中,关于离子浓度的关系叙述正确的是( )。

    A. $C(NH_4^+) > C(Cl^-) > C(H^+) > C(OH^-)$

    B. $C(NH_4^+) > C(Cl^-) > C(OH^-) > C(H^+)$

    C. $C(Cl^-) > C(NH_4^+) > C(H^+) > C(OH^-)$

    D. $C(Cl^-) > C(NH_4^+) > C(OH^-) > C(H^+)$

20. 把 AlCl₃ 溶液与 NaHCO₃ 溶液分别蒸干灼烧,最后得到的固体产物分别是( )。

　　A. Al_2O_3、Na_2CO_3　　　　　　　B. Al_2O_3、NaOH

　　C. $Al(OH)_3$、$NaHCO_3$　　　　　　D. $AlCl_3$、$NaHCO_3$

二、应用题

1. 用化学式和离子符号来表示氯水和氨水中各含有哪些分子和离子,并写出氨水的电离方程式。

2. 计算:(1)500 mL 0.001 mol/L HCl 溶液的 pH;

　　(2)200 mL 0.005 mol/L $Ba(OH)_2$ 溶液的 pH。

3. 向含有 Ag^+、Al^{3+}、Ba^{2+}、Na^+ 四种阳离子溶液中加入过量稀盐酸有白色沉淀 A 生成,过滤后,向滤液中加入过量的氨水,使溶液呈碱性,又有白色沉淀 B 生成,再过滤后,向滤液中加入 Na_2CO_3 溶液还会有白色沉淀 C 生成。

　(1)写出 A、B、C 的化学式;

　(2)写出始终没有沉淀析出的阳离子;

(3) 写出生成沉淀 C 的离子方程式。

4. 怎样用最简单的方法区别下列 3 种溶液？写出具体步骤。

   NaCl 溶液   NH$_4$Cl 溶液   Na$_2$CO$_3$ 溶液

第六章 重要的金属及其化合物

第一节 金属元素概述

一、填空题

1. 在已发现的 100 多种元素中,大约有_____是金属元素,在冶金工业上,常把金属分为_____和_____两大类,黑色金属通常指_____及其合金,有色金属是指_____;人们也常按照密度大小把金属分类,把密度小于_____的叫轻金属,把密度大于_____的叫重金属。

2. 在已发现的金属中,常温下呈现液体状态的金属是_____。

3. 金属能导电的原因是_____。

4. 在目前已知的金属中,硬度最大的金属是_____,熔点最高的金属是_____。

5. 多数金属元素的原子的最外层电子数少于_____个,在发生化学反应时,容易_____电子,而变成金属_____离子,从而表现出_____性。

6. 同周期的主族元素从左到右,元素的金属性逐渐_____,同主族的元素,从上到下,元素的金属性逐渐_____。

7. 合金是由_____熔合而成的具有_____的物质。

二、选择题

1. 在金属晶体中,不含有的微粒是(   )。
   A. 自由电子 B. 金属原子
   C. 金属阳离子 D. 金属阴离子

2. 下列金属中,属于黑色金属的是(   )。
   A. Mg B. Fe C. Cu D. Zn

3. 下列有关金属的物理性质的叙述错误的是(   )。
   A. 金属都有一定的延展性 B. 任何金属在任何状态下都具有金属光泽
   C. 金属具有导热性 D. 所有的金属都能导电

4. 下列金属中,导电能力最好的是(   )。
   A. Al B. Cu C. Ag D. Fe

5. 下列元素中,金属性最强的是(   )。
   A. K B. Na C. Li D. Mg

6. 下列物质中,碱性最弱的是(   )。

A. NaOH　　　　B. Ca(OH)$_2$　　　　C. Mg(OH)$_2$　　　　D. Al(OH)$_3$

7. 下列金属中,还原性最弱的是(　　)。

　　A. Ca　　　　B. Na　　　　C. Mg　　　　D. Al

8. 下列有关合金的说法中错误的是(　　)。

　　A. 合金的熔点低于组成它的主体金属的熔点

　　B. 合金的硬度一般比各组分金属的硬度大

　　C. 一般合金的导电性和导热性比纯金属低得多

　　D. 铁一铬合金比铁更易与稀酸反应

9. 铝镁合金因坚硬、轻巧、美观、洁净、易于加工而成为新型建筑装潢材料,主要用于制作窗框、防护栏等,下列与这些用途无关的性质是(　　)。

　　A. 不易生锈　　　　B. 导电性好　　　　C. 密度小　　　　D. 强度高

三、判断题(正确的在括号内打"√",错误的在括号内打"×")

1. 大多数金属呈银白色,块状、片状的金属具有金属光泽,粉末状也保持原有的光泽。(　　)

2. 所有金属都具有较好的延展性。(　　)

3. 凡是导电性好的金属,其导热性也好。(　　)

4. 合金的熔点高于组成它的主体金属的熔点。(　　)

5. 合金只有密度是组成它的各组分的平均值。(　　)

四、简述题

简述在日常生活中遇到的合金及其用途。

第二节　钠

一、填空题

1. 碱金属元素包括_____，碱金属元素的原子最外层电子数都是_____个，在化学反应中，很容易_____电子而形成_____的阳离子，碱金属是典型的活泼金属，是_____剂。

2. 金属钠是_____色、硬度_____、密度_____、熔沸点_____的金属。

3. 在下列横线上填入相应的化学方程式：钠常温下与 O_2 反应：_____；钠在加热条件下与 O_2 反应：_____；钠与水反应：_____。

4. 新切开的光亮金属钠的断面很快失去光泽，其原因是_____

二、选择题

1. 下列各种元素，在自然界中无游离态的是（　　）。
   A、氧　　　　　　B. 氮　　　　　　C. 钠　　　　　　D. 碳

2. 下列氢氧化物中碱性最强的是（　　）。
   A. KOH　　　　　B. NaOH　　　　C. LiOH　　　　D. CsOH

3. 下列关于钠的性质的叙述中，不正确的是（　　）。
   A. 钠极易与水反应，因而它的氧化性很强
   B. 钠质软，可以用小刀切割
   C. 钠的新切面易失去金属光泽
   D. 实验室常将金属钠保存在煤油中

4. 钠与水反应的现象表述不正确的是（　　）。
   A. 钠浮在水面上　　　　　　B. 钠熔成闪亮的小球
   C. 钠在水面上四处游动　　　D. 水溶液变红

5. 金属钠和金属钾比较，钠比钾（　　）。
   A. 金属性强　　　B. 还原性弱　　　C. 原子半径大　　　D. 性质活泼

6. 金属钠着火时，能用来灭火的是（　　）。
   A. 水　　　　　　B. 泡沫灭火剂　　C. 干粉灭火器　　　D. 干沙

7. 区别固体 Na_2CO_3 和 $NaHCO_3$ 最好的方法是（　　）。
   A. 加热　　　　　　　　　　　B. 两者分别与同浓度的稀盐酸反应
   C. 溶于水，比较其溶解性　　　D. 分别与 NaOH 溶液或石灰水反应

8. 要除去纯碱中混有少量的小苏打，正确的方法是（　　）。

A. 加入石灰水　　　B. 加入盐水　　　C. 加热灼烧　　　D. 加入稀盐酸

9. 下列有关碳酸钠和碳酸氢钠的性质比较,错误的是(　　)。

　　A. 碳酸钠比碳酸氢钠易溶于水

　　B. 无水碳酸钠为白色粉末,碳酸氢钠为白色晶体

　　C. 与同体积、同浓度的稀盐酸反应,碳酸钠比碳酸氢钠产生的气体多

　　D. 在受热情况下,碳酸钠比碳酸氢钠稳定

10. 某物质灼烧时,焰色反应呈黄色,下列判断正确的是(　　)。

　　A. 该物质一定是金属钠　　　　　　　B. 该物质一定是钠的氧化物

　　C. 该物质一定是钠盐　　　　　　　　D. 该物质一定含钠元素

三、判断题(正确的在括号内打"√",错误的在括号内打"×")

1. 大块的钠投入水中可使水面着火。　　　　　　　　　　　　　　　　　　(　　)

2. 钠久置后会成为白色粉末。　　　　　　　　　　　　　　　　　　　　　(　　)

3. 钠着火后应迅速用泡沫灭火器将其扑灭。　　　　　　　　　　　　　　　(　　)

4. 钠不能与盐溶液发生反应。　　　　　　　　　　　　　　　　　　　　　(　　)

5. 小苏打比苏打更易溶于水。　　　　　　　　　　　　　　　　　　　　　(　　)

6. 苏打与盐酸反应比小苏打与盐酸反应要剧烈。　　　　　　　　　　　　　(　　)

四、应用题

1. 7.8 g 商品氢氧化钠溶于水制成 2 L 溶液,取出 25 mL 恰好和 20 mL 0.1 mol/L 的硝酸中和,试计算氢氧化钠的纯度。

2. 一块表面已部分氧化成 Na_2O 的金属钠质量为 0.77 g,放入 10 g 水中后,得到氢气 0.224 L(标准状况下)。

　　求:(1)金属钠表面有氧化钠的质量是多少?

(2)被氧化前这块钠的质量为多少？

3. 简述金属钠与水反应的现象，并解释现象产生的原因。

4. 设计一简单实验检验并除去碳酸钠中混有少量的碳酸氢钠。

第三节 铝

一、填空题

1. 硼族元素位于元素周期表中第 ____ 族,它包括 _____、_____、_____、_____、_____ 5 种元素。

2. 铝是 ____ 色的 _____ 金属,铝能制成铝箔,是因为铝具有 _____ 性,用铝制成导线,是因为铝具有 _____ 性。铝合金在 _____ 中具有广泛的用途。

3. 铝原子的最外层上有 _____ 个电子,在化学反应中很容易失去电子而形成 _____ 价的阳离子,在化学反应中,铝具有较强的 _____ 性。

4. 铝能在氧气中 _____,发出 _____,并冒 _____。因此常用作照明弹和燃烧弹的原料。

5. 明矾的成分是 _____,它能作为净水剂是因为 _____。

6. 用含有 Ag^+、Al^{3+}、Ca^{2+}、Mg^{2+} 四种阳离子的溶液,做如下的实验,试填写下列空格。

   (1) 往这种溶液中加入足量稀盐酸,现象 _____,离子反应方程式 _____。

   (2) 把试验(1)所得的液体过滤,往滤液里加入足量的浓氨水,使溶液呈碱性,现象是 _____,离子反应方程式 _____。

   (3) 把实验(2)所得的液体过滤,往滤液中加入碳酸钠溶液,现象 _____,离子反应方程式 _____。

   (4) 把实验(2)所得的沉淀分成两份,一份加入稀盐酸,沉淀 _____,另一份加入氢氧化钠溶液,这时沉淀 _____,不溶的是 _____,离子反应式 _____、_____。

二、选择题

1. 在地壳中,含量居第一位的金属元素是( )。
   A. Si   B. Al   C. Fe   D. Na

2. 制成银白色的防锈油漆,通常是用油漆与( )金属粉末混合。
   A. Mg   B. Zn   C. Al   D. Ag

3. 下列有关铝及其化合物的性质用途的说法中错误的是( )。
   A. 把用铝从金属氧化物中置换金属的方法称为铝热法
   B. 铝制餐具不能长时间盛装酸性或碱性食物
   C. 氧化铝是金属氧化物,属碱性氧化物,只能与酸反应
   D. 人造刚玉、人造红宝石中的主要成分是 Al_2O_3

4. 下列金属中,既能与酸反应又能与碱反应的是(　　)。
   A. Cu　　　　B. Fe　　　　C. Al　　　　D. Na
5. 下列物质中,不溶于水但既能与酸反应又能与碱反应的是(　　)。
   A. $NaHCO_3$　　B. CaO　　C. MgO　　D. Al_2O_3
6. 下列物质中所含的成分错误的是(　　)。
   A. 水晶——SiO_2　　　　　　B. 刚玉——Al_2O_3
   C. 硅石——Si　　　　　　　D. 明矾——$KAl(SO_4)_2 \cdot 12H_2O$
7. 将表面已钝化的铝条,插入下列溶液中,不会发生反应的是(　　)。
   A. 稀盐酸　　　　　　　　B. 稀硫酸
   C. 氢氧化钠　　　　　　　D. 硝酸铜
8. 若1.8 g某金属跟足量的盐酸充分反应,放出2.24 L氢气(标准状况),则该金属是(　　)。
   A. Al　　　　B. Fe　　　　C. Mg　　　　D. Cu
9. 下列有关氢氧化铝的性质用途的叙述中错误的是(　　)。
   A. 固体氢氧化铝加热分解生成氧化铝和水
   B. 氢氧化铝是一种白色难溶于水的胶状物质
   C. 氨水呈碱性,所以氢氧化铝能溶于氨水中
   D. 氢氧化铝凝胶在医药上是一种良好的抗酸药
10. 下列物质的水溶液呈酸性的是(　　)。
    A. Na_2CO_3　　　　　　　B. Na_2SO_4
    C. $NaAlO_2$　　　　　　　D. $AlCl_3$
11. 既能和盐酸又能和氢氧化钠溶液反应产生氢气的金属是(　　)。
    A. Fe　　　　B. Mg　　　　C. Al　　　　D. Cu
12. 铝分别与足量的稀盐酸和氢氧化钠溶液反应,当两个反应放出的气体在相同状况下体积相等时,反应中消耗的 HCl 和 NaOH 的物质的量之比为(　　)。
    A. 1∶1　　　B. 1∶2　　　C. 3∶1　　　D. 1∶3

三、判断题(正确的在括号内打"√",错误的在括号内打"×")

1. Al既能与酸反应又能和碱反应。　　　　　　　　　　　　　　　　　(　　)
2. Al是金属,所以Al_2O_3是金属氧化物,它只能与酸反应,不能与碱反应。(　　)
3. $Al(OH)_3$虽然是弱碱,但也能与强碱反应。　　　　　　　　　　　(　　)
4. 明矾净水是利用明矾在水中发生水解的特性。　　　　　　　　　　(　　)
5. 硬水是指含有较多的Ca^{2+}和Mg^{2+}的天然水。用加热法可以将所有硬水软化。(　　)

四、应用题

1. 写出下列反应的化学方程式：

   (1) Al 与稀盐酸

   (2) 在高温下铝与五氧化二钒

   (3) 铝与硫

   (4) 硫酸铝与氨水

2. 试解释氢氧化铝为什么既能溶于酸又能溶于强碱溶液中。

3. 利用工厂的镁铝合金碎屑和稀硫酸、稀盐酸、NaOH 溶液制取 $MgCl_2$ 和 $Al_2(SO_4)_3$，要求操作步骤简单，发生反应少，按操作步骤依次写出操作要点和反应的化学方程式，属离子反应的写出离子方程式。

4. 向含 133.5 g 溶质的 $AlCl_3$ 溶液中，通入足量的氨气能生成多少克的沉淀？

第四节 铁

一、填空题

1. 纯铁是_____色 具有_____光泽的金属,有良好的_____性、_____性和_____性。

2. 铁原子的最外电子层上有_____个电子,在化学反应中容易_____而成为_____价阳离子,在化学反应中还能再失去_____层上的一个电子而成为_____价的阳离子。

3. 铁是活泼金属,能与盐酸、稀硫酸发生_____反应,产生_____气体,反应的离子方程式为_____。

4. 铁与硫酸铜溶液反应的化学方程式为_____,从该反应可知,铁的还原性比铜的还原性_____。

5. 氧化亚铁是一种_____色粉末。氧化铁是一种_____色粉末,俗称_____,它可用作油漆的颜料。四氧化三铁是具有_____性的_____色晶体,俗称_____。

6. 氢氧化亚铁和氢氧化铁都是_____溶于水的碱,它们可用相应的_____分别跟_____溶液反应而制得。

7. 除去 $FeCl_2$ 溶液中的少量 $FeCl_3$,可加入_____;除去 $FeCl_3$ 溶液中的少量 $FeCl_2$,可加入_____;除去 $FeCl_2$ 溶液中的少量 $CuCl_2$,可加入_____。

二、选择题

1. 下列金属中,能被磁铁吸引的是(　　)。
   A. Cu　　　　B. Ag　　　　C. Fe　　　　D. Al

2. 下列金属中,不属于黑色金属的是(　　)。
   A. Fe　　　　B. Cr　　　　C. Zn　　　　D. Mn

3. 铁在潮湿的空气中易发生电化腐蚀而生锈,铁锈的主要成分是(　　)。
   A. Fe_3O_4　　　　　　　　B. $Fe(OH)_3$
   C. FeO　　　　　　　　　　D. Fe_2O_3

4. 下列关于铁的物理性质的叙述中,不正确的是(　　)。
   A. 铁是具有黑色光泽的金属材料　　B. 铁具有导电和导热的性能
   C. 铁具有良好的延展性　　　　　　D. 铁容易被磁化

5. 下列关于铁的化学性质的叙述中,正确的是(　　)。
   A. 铁的化学性质很不活泼　　　　　B. 高温下铁跟水蒸气反应可生成氢气
   C. 铁在干燥的空气中容易生锈　　　D. 铁只能生成+3价的化合物

6. 铁原子失去3个电子后生成(　　)。
   A. Fe　　　　B. Fe^{2+}　　　　C. Fe^+　　　　D. Fe^{3+}

7. 下列氧化物中,既不溶于水,又不与稀盐酸反应的是(　　)。
   A. FeO　　　　B. Al_2O_3　　　　C. Fe_2O_3　　　　D. SiO_2

8. 下列物质中,不能用金属和氯气反应制得的是(　　)。
   A. $MgCl_2$　　　B. $FeCl_2$　　　C. $AlCl_3$　　　D. NaCl

9. 把铁片投入下列溶液中,铁片质量减小,且没有气体产生,此溶液是(　　)。
   A. $FeSO_4$　　　B. H_2SO_4　　　C. $Fe_2(SO_4)_3$　　　D. $NaNO_3$

10. 由于易被氧化而不能长期存放在敞口容器中的是(　　)。
    A. NaOH 晶体　　　B. 绿矾　　　C. 浓 H_2SO_4　　　D. 浓盐酸

11. 铁、镁、铝三种金属,分别和盐酸反应,同温同压下,产生相同体积的氢气,则参加反应的金属的物质的量之比为(　　)。
    A. 1∶1∶1　　　B. 1∶1∶3　　　C. 3∶3∶2　　　D. 2∶3∶2

12. 为了除去 $FeSO_4$ 溶液中的 $CuSO_4$ 和 $Fe_2(SO_4)_3$ 杂质,可选用的物质是(　　)。
    A. NaOH　　　B. 氯水　　　C. Mg　　　D. Fe

13. 在某溶液中滴加 KSCN 溶液,不显红色,再通入 Cl_2 后也不显红色,若先在该溶液中加入铁粉振荡后,滴入 KSCN 溶液不显红色,再通入 Cl_2 才显红色,则此溶液可能是(　　)。
    A. $ZnSO_4$　　　B. $CuSO_4$　　　C. $FeSO_4$　　　D. $MgSO_4$

14. 通常所说的不锈钢是(　　)。
    A. 锰钢　　　B. 钨钢　　　C. 镍铬钢　　　D. 高碳钢

15. 将铁钉放入下列溶液中,充分反应后,溶液质量减小的是(　　)。
    A. $FeCl_2$ 溶液　　B. 稀硫酸　　C. $CuSO_4$ 溶液　　D. NaOH 溶液

三、判断题(正确的在括号内打"√",错误的在括号内打"×")

1. Fe 是地壳中含量最多的金属。　　　　　　　　　　　　　　　　　( )
2. Fe 与酸反应都能转换出 H_2。　　　　　　　　　　　　　　　　( )
3. Fe 在常温下能与 H_2O 反应生成 H_2。　　　　　　　　　　　　( )
4. FeO 在空气中加热易生成 Fe_2O_3。　　　　　　　　　　　　　　( )
5. $Fe(OH)_2$、$Fe(OH)_3$ 加热最终产物都是 Fe_3O_4。　　　　　　( )
6. $Fe(OH)_2$ 在空气中能被氧化成 $Fe(OH)_3$,颜色是直接由白色变为红褐色。( )
7. Fe^{3+} 与 SCN^- 接触能使溶液变红。　　　　　　　　　　　　( )

四、应用题

1. 写出铁在高温下与氧气、硫、氯气、水蒸气反应的化学方程式,标明电子转移方向和数目,指出氧化剂和还原剂。

2. 试解释为什么铁容器在常温下能用来盛装浓硫酸和浓硝酸。

3. 某黑色氧化物 A 溶于稀盐酸后,得到浅绿色溶液 B,向 B 中加入氢氧化钠溶液,得到白色絮状沉淀 C,C 由白色变为灰绿色,最终变为红褐色沉淀 D,过滤,将沉淀 D 进行加热后,生成红棕色固体 E。根据上述变化,指出 A、B、C、D、E 分别是什么物质,并写出相应的化学反应方程式。

4. 如何检验 $FeCl_2$ 中是否含有 $FeCl_3$?

五、计算题

向 500 mL $FeCl_3$ 溶液中加入 10 g 铁粉至溶液完全变成浅绿色后,发现还残余有 4.4 g 的铁粉,求原 $FeCl_3$ 溶液的物质的量的浓度。

第五节　原电池

一、填空题

1. 原电池是利用_____反应,使_____能转变为_____能的装置。

2. 在原电池中,电子流出的一极是____极,电极被_____,发生_____反应;电子流入的一极是____,在该极上发生_____反应。

3. 在伏特电池中_____为负极,在反应中_____电子,发生_____反应,电极反应式为_____,_____为正极,电极上发生_____反应,电极反应式为_____。

4. 金属腐蚀是指金属或合金跟_____发生化学反应而腐蚀损耗的过程。根据其腐蚀机理的不同,金属的腐蚀可分为_____和_____。在一般情况下,这两种腐蚀往往同时发生,只是_____比_____普遍得多,_____腐蚀的速度快得多,破坏性也更大。

5. 钢铁在发生电化学腐蚀时,微电池中_____为负极,_____失去电子而被氧化,电极反应式为_____。

6. 金属的防腐主要方法有_____,_____,_____。

7. 白铁皮是_____,马口铁是_____,当两者镀层被破坏时,最容易生锈的是_____。

8. 锌—锰干电池是用_____作正极,用_____作负极,用_____作为电解质溶液。正极发生_____。

二、选择题

1. 下列有关原电池正负极的判断方法错误的是(　　)。
    A. 两电极相比,活泼金属作负极
    B. 电子流出的一极或电流流入的一极是负极
    C. 失去电子的电极是正极
    D. 发生氧化反应的一极是负极

2. 在稀酸溶液中,某金属与铁板接触,可使铁板锈蚀速率加快的是(　　)。
    A. Zn　　　　　B. Mg　　　　　C. Al　　　　　D. Cu

3. 下列四种情况,铁最容易被腐蚀的是(　　)。
    A. 将铁块直接放入海水中
    B. 将铁块连一小锌块同时放入海水
    C. 将铁块连一小铜块同时放入海水
    D. 将铁块连一小锌块,仅将铁块放入海水,锌块不与海水接触。

4. 下列现象与电化学腐蚀无关的是(　　)。

　　A. 黄铜(铜锌合金)制作的铜锣不易产生铜绿

　　B. 铁质器件附有铜质配件,在接触处易生铁锈

　　C. 银质奖牌久置后表面变暗

　　D. 生铁比软铁芯(几乎是纯铁)容易生锈

5. 有 A、B、C、D 四种金属,将 A 与 B 用导线连接起来浸入电解质溶液中,B 不易被腐蚀,将 A、D 分别投入等浓度的盐酸中,D 比 A 反应剧烈。将铜浸入 B 的盐溶液里,无明显变化,如果把铜浸入 C 的盐溶液里,有金属 C 析出。据此判断它们的活动性由强到弱的顺序是(　　)。

　　A. DCAB　　　　B. DABC　　　　C. DBAC　　　　D. BADC

6. 埋在地下的铸铁输油管道,在下列各种情况下,被腐蚀速率最慢的是(　　)。

　　A. 在含铁元素较多的酸性土壤中　　　　B. 在潮湿疏松的碱性土壤中

　　C. 在干燥致密不透气的土壤中　　　　　D. 在含碳粒较多,潮湿透气的中性土壤中

7. 用铁片与稀硫酸反应制取氢气时,下列措施不能使氢气生成速率加大的是(　　)。

　　A. 加热　　　　　　　　　　　　　　　B. 不用稀硫酸,改用98%浓硫酸

　　C. 滴加少量 $CuSO_4$ 溶液　　　　　　　D. 不用铁片,改用铁粉

三、判断题(正确的在括号内打"√",错误的在括号内打"×")

1. 构成原电池需要三个基本条件,且它们缺一不可。　　　　　　　　　　(　　)

2. 铁生锈主要是由于铁发生化学腐蚀而引起的。　　　　　　　　　　　　(　　)

3. 金属腐蚀的程度主要取决于金属的本性及结构。　　　　　　　　　　　(　　)

4. 防止某金属被腐蚀,可在该金属四周紧贴一些活泼性更强的金属。　　　(　　)

四、应用题

1. 分析钢铁在潮湿空气中发生腐蚀的原因。

2. 用锌与硫酸反应,向其中滴加硫酸铜溶液,可使反应速度加快,为什么?

3. 行驶在江或海中的轮船,常在其船身放一块锌板,这是为什么?

第六章检测题

一、选择题

1. 下列金属中,不属于轻金属的是(　　)。
   A. Na 　　　　B. Al 　　　　C. Fe 　　　　D. Mg

2. 下列性质中,不属于金属的物理性质的是(　　)。
   A. 导电性 　　B. 导热性 　　C. 延展性 　　D. 还原性

3. 下列金属中,硬度最大的是(　　)。
   A. Fe 　　　　B. W 　　　　C. Cr 　　　　D. Ag

4. 下列金属中,还原性及最高价氧化物对应水化物碱性最强的是(　　)。
   A. Li 　　　　B. Fe 　　　　C. Al 　　　　D. Na

5. 下列各种元素,在自然界中无游离态的是(　　)。
   A. 氧 　　　　B. 氮 　　　　C. 钠 　　　　D. 碳

6. 下列反应中,钠元素被还原的是(　　)。
   A. $2Na + 2H_2O == 2NaOH + H_2\uparrow$ 　　B. $2NaCl \xrightarrow{电解} 2Na + Cl_2\uparrow$
   C. $3NaOH + FeCl_3 == 3NaCl + Fe(OH)_3\downarrow$ 　　D. $2Na + O_2 \xrightarrow{点燃} Na_2O_2$

7. 下列关于钠与水反应及其现象的解释错误的是(　　)。
   A. 钠浮在水面上,是因为钠的密度比水小
   B. 钠迅速熔成闪亮的小球,是因为钠的熔点低,反应是放热反应
   C. 钠在水面上向各方向迅速游动,是因为反应产生氧气
   D. 滴入酚酞试液溶液变红,是因为反应后生成了氢氧化钠

8. 用铝箔包装 0.1 mol 金属钠,用针扎出一些小孔,放入水中,完全反应后,用排水集气法收集产生的气体,则收集到的气体为(标准状况)(　　)。
   A. O_2 和 H_2 的混合气体 　　B. 1.12 L H_2
   C. 大于 1.12 L H_2 　　D. 小于 1.12 L 气体

9. 某烧碱溶液中含有少量杂质纯碱,要除去此杂质需要加适量的下列试剂(　　)。
   A. $CaCl_2$ 溶液 　　B. $Ba(NO_3)_2$ 溶液 　　C. $Ca(OH)_2$ 溶液 　　D. 稀盐酸

10. 少量金属钠分别与大量的下列物质的溶液反应时,既有气体又有沉淀产生的是(　　)。
    A. HCl 　　　B. NaCl 　　　C. $AlCl_3$ 　　　D. Na_2SO_4

11. 下列关于钠的用途,错误的是(　　)。
    A. 钠和钾的合金用于原子反应堆的导热剂

B. 钠作为还原剂,用来冶炼钛、锆等金属

C. 钠用来制取氢氧化钠等钠的化合物

D. 钠充入高压钠灯用于广场照明

12. 下列物质中,既能与稀酸反应又能与强碱溶液反应,产物都有氢气的是(　　)。

  A. Mg   B. Cu   C. Al   D. Fe

13. 铝能用于冶炼金属(如 Fe、V、Mn 等),这是因为铝具有(　　)。

  A. 两性   B. 导电性好

  C. 熔点低   D. 还原性强,在冶炼反应中放出大量热

14. 用铝热法还原下列化合物,制得金属各 1 mol 时,消耗铝的量最少的是(　　)。

  A. MnO_2 B. WO_3 C. Co_3O_4 D. Cr_2O_3

15. 将 $Ba(OH)_2$ 溶液滴入明矾溶液中,使 SO_4^{2-} 全部转化成 $BaSO_4$ 沉淀,此时铝元素的主要存在形式是(　　)。

  A. Al^{3+} B. $Al(OH)_3$

  C. AlO_2^- D. Al^{3+} 和 $Al(OH)_3$

16. 在一定温度下,一定量的水中,氢氧化铝的胶体沉淀里有如下平衡:

$$Al^{3+} + 3OH^- \rightleftharpoons Al(OH)_3 \rightleftharpoons H_2O + AlO_2^- + H^+$$

当向混合物里逐渐加入氢氧化钠溶液时,下列说法不正确的是(　　)。

  A. 氢氧化铝固体的质量增大   B. 溶液的 pH 值增大

  C. Al^{3+} 离子浓度减小   D. AlO_2^- 离子浓度增大

17. 将一小块钠投入 $FeCl_3$ 溶液中,下列对有关实验结果的预测正确的是(　　)。

  A. 钠溶解,有铁析出,并有气体产生

  B. 只有气体产生

  C. 只有沉淀产生

  D. 既有沉淀产生,又有气体产生

18. 铜片和锌片用导线连接后,插入稀 H_2SO_4 中,锌片是(　　)。

  A. 阴极   B. 阳极   C. 正极   D. 负极

19. 能鉴别 $FeCl_3$ 溶液和 $FeCl_2$ 溶液的化学试剂是(　　)。

  A. NaOH 溶液   B. 盐酸   C. KSCN 溶液   D. 硫酸

20. 下列有关原电池的叙述中,错误的是(　　)。

  A. 有两种不同的金属(或一种为能导电的非金属)是形成原电池的条件之一

  B. 在原电池中,电子是从正极流向负极

  C. 在原电池中,负极上发生的是氧化反应

  D. 电化学腐蚀是由于形成原电池,通过原电池反应所引起的

二、应用题

1. 加热 168 g NaHCO₃ 到没有气体放出时：①剩余物质是什么？②剩余物质的质量为多少？

2. 把 13.35 g AlCl₃ 投入到足量的 NaOH 溶液中,可生成多少克的 NaAlO₂？

3. 如何用化学方法鉴别 Na₂CO₃、AlCl₃、MgCl₂ 三种无色溶液,写出有关化学反应方程式。

4. 用于钢铁的铆钉的是铜铆钉还是铝铆钉好？为什么？

第七章 烃

第一节 有机化合物概述

一、填空题

1. 有机化合物简称为_____，组成有机化合物的主要元素是_____。
2. 有机化学是研究_____的科学。
3. 绝大多数有机物受热_____分解，_____燃烧，燃烧最终得到的主要产物是_____。
4. _____叫做结构式，其简写形式叫_____。
5. 在有机物的分子中，碳与碳原子之间形成的共价键的类型有_____种，分别是_____。
6. 在有机物分子中，一个碳原子与其结合的其他原子，形成_____对共用电子对。

二、判断题（正确的在括号内打"√"，错误的在括号内打"×"）

1. 所有含碳元素的化合物都是有机物。　　　　　　　　　　　　　　（　　）
2. 所有含碳、氢两种元素的化合物都是有机物。　　　　　　　　　　（　　）
3. 所有含碳、氢、氧三种元素的化合物一定是有机物。　　　　　　　（　　）
4. 一般来说，无机物易溶于水，有机物易溶于乙醇、汽油等有机溶剂。（　　）
5. 绝大多数有机物是电解质，能导电。　　　　　　　　　　　　　　（　　）
6. 质量相等、分子组成中含碳原子数相同的有机物，完全燃烧得到的二氧化碳的质量相等。　　　　　　　　　　　　　　　　　　　　　　　　　　（　　）

三、应用题

1. 已知乙烷的分子式是 C_2H_6，试写乙烷分子的电子式、结构式、结构简式。

2. 简单回答有机物按官能团分类主要有哪些类别。

第二节 烷 烃

一、填空题

把下列物质的相互关系,填入下表的空格中。

①同种物质　②同位素　③同系物　④同素异形体　⑤同分异构体

物质名称	相互关系
丙烷与2-甲基丙烷	
金刚石与石墨	
氯仿与三氯甲烷	
氕与氚	
新戊烷与2-甲基丁烷	

二、选择题

1. 下列化合物中不属于有机化合物的是(　　)。

　　A. CH_3COOH　　B. CH_4　　C. C_2H_2　　D. H_2CO_3

2. 下列有机化合物中,属于烷烃的是(　　)。

　　A. C_2H_4　　B. C_2H_2　　C. C_3H_8　　D. C_6H_6

3. 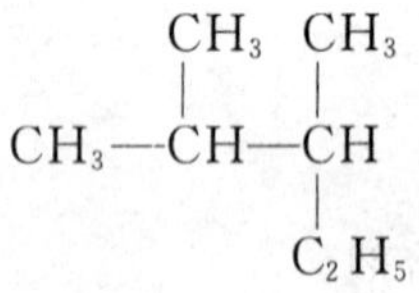 $CH_3-\underset{\underset{C_2H_5}{|}}{CH}-\overset{\overset{CH_3\ CH_3}{|\ \ |}}{CH}$ 的名称是(　　)。

　　A. 2-甲基-3-乙基丁烷　　B. 3,4-二甲基戊烷

　　C. 2,3-二甲基-4-乙基丙烷　　D. 2,3-二甲基戊烷

4. 按系统命名下列名称正确的是(　　)。

　　A. 1-甲基丙烷　　B. 2-甲基丙烷

　　C. 2-2-二甲基丙烷　　D. 2-乙基丙烷

5. 下列反应中,光照对反应几乎没有影响的是(　　)。

　　A. Cl_2 与 H_2　　B. Cl_2 与 CH_4

　　C. CH_4 与 O_2　　D. $HClO$ 的分解

6. 实验室制取下列气体时,只能用排水法收集的是(　　)。

　　A. CH_4　　B. CO_2　　C. NO　　D. NO_2

7. 下列叙述错误的是(　　)。

　　A. 点燃甲烷不必像点燃氢气那样事先验纯

B. 甲烷燃烧能放出大量的热,所以是一种较好的气体燃料

C. 煤矿的矿井要注意通风和严禁烟火,以防爆炸事故发生

D. 如果隔绝空气,将甲烷加热到1000℃以上,能分解成炭黑和氢气

8. 下列烷烃没有同分异构体的是(　　)。

  A. 2-甲基丙烷 B. 戊烷 C. 丁烷 D. 乙烷

9. 下列烷烃中沸点最高的是(　　)。

  A. $CH_3(CH_2)_2CH_3$ B. $CH_3(CH_2)_3CH_3$

  C. $(CH_3)_3CH$ D. $(CH_3)_4C$

10. 要使 1 mol 甲烷完全和氯气发生取代反应,并生成相同物质的量的四种取代物,则需要氯气的物质的量为(　　)。

  A. 5.0 mol B. 4.0 mol C. 2.5 mol D. 1 mol

11. 下列物质与 CH_4 是同系物的是(　　)。

  A. C_3H_4 和 C_5H_8 B. C_3H_8 和 C_5H_{12}

  C. C_3H_6 和 C_5H_{10} D. CH_3Cl 和 $C_2H_6Cl_2$

12. 一种烃的结构式可以表示为(　　);

$$\begin{array}{c}CH_3-CH_2-CH_2 \quad\quad\quad CH_2-CH_2-CH_3\\ | \quad\quad\quad\quad\quad\quad | \\ CH_3-CH_2-CH_2-CH-CH_2-CH-CH_2-CH_2-CH_3 \\ | \quad\quad\quad\quad\quad\quad | \\ CH_3-CH_2-CH_2 \quad\quad\quad CH_2-CH_2-CH_3\end{array}$$

命名该化合物时,主链上的碳原子数是(　　)。

  A. 9 B. 11 C. 12 D. 13

13. 下列气体的主要成分不是甲烷的是(　　)

  A. 沼气 B. 天然气 C. 水煤气 D. 坑气

14. 关于同系物的叙述中不正确的是(　　)

  A. 某同系物的组成可用通式 $C_nH_{2n+2}(n\geq 1)$ 表示

  B. 同系物具有相似的化学性质

  C. 同系物中,两个相邻的物质的相对分子质量相差 14

  D. 符合通式 $C_nH_{2n-2}(n\geq 2)$ 的烃互为同系物

15. 碳链为直链的四碳烷烃的同分异构体是(　　)

  A. 正丁烷 B. 1-氯丁烷 C. 2-甲基丁烷 D. 2-甲基丙烷

三、判断题(正确的在括号内打"√",错误的在括号内打"×")

  1. 实验室用碱石灰与氯化铵的混合物加热来制取甲烷的。(　　)

  2. 甲烷分子是一个正四面体的立体结构。(　　)

  3. 天然气中甲烷的体积分数为 5.5%～16%。(　　)

4. 含 17 个碳原子的烷烃常温常压下一定呈固态。（   ）

四、应用题

燃烧 11.2 L（标准状况下）甲烷，生成 CO_2 和 H_2O 的物质的量各是多少？

第三节 烯烃

一、填空题

1. 乙烯在高温、高压和催化剂存在条件下,生成聚乙烯的化学方程式是_____,这个化学反应的反应类型是_____。

2. 已知某烃能使溴水和高锰酸钾溶液褪色,将 1 mol 该烃和 1 mol 溴完全反应,生成 1,2-二溴-2-甲基丁烷,则该烃的结构简式为_____。

3. 实验室制乙烯的方程式为_____,酒精和浓硫酸体积比为_____,混合时应将_____倒入_____中,反应中浓 H_2SO_4 的作用为_____和_____。加热时间过长混合液往往会变黑,这是因为_____,除去杂质气体应将制得的气体通过盛有_____溶液。

二、选择题

1. 用乙烯为原料制成聚乙烯,需经历的反应是(　　)。
   A. 取代　　　　B. 加成　　　　C. 氧化　　　　D. 聚合

2. 下列烃中含碳量最低的是(　　)。
   A. 甲烷　　　　B. 丙烷　　　　C. 乙烷　　　　D. 环丙烷

3. 下列关于烯的说法中错误的是(　　)。
   A. 乙烯分子的双键中有一个键较易断裂
   B. 乙烯分子里所有的原子都在同一平面上
   C. 乙烯的化学性质比乙烷活泼
   D. 乙烯是由极性键和非极性键构成的极性分子

4. 下列结构简式书写错误的是(　　)。
   A. $CH_2=CH-CH_3$ 上面 CH_3　　　　B. $CH_3-CH_2-CH=CH_2$
   C. $CH_2=CH-CH_2-CH_3$ 下面 CH_3　　D. $CH_2-CH_2-CH_2-CH=CH_2$

5. 下列物质,可以发生加成反应的是(　　)。
   A. 乙烷　　　　B. 环丙烷　　　C. 乙烯　　　　D. 聚乙烯

6. 下列变化属于加成反应的是(　　)。
   A. 乙烯通入酸性 $KMnO_4$ 溶液　　　B. 乙烯通入溴水
   C. 乙醇与浓 H_2SO_4 共热　　　　　D. 乙烯的燃烧

7. 通常衡量一个国家石油工业发展水平的标志是( )。
   A. 石油产量   B. 乙烯的产量
   C. 塑料的产量   D. 合成橡胶的产量

8. 某有机物燃烧后产物只有 CO_2 和 H_2O，关于该有机物判断正确的是( )。
   A. 该有机物一定是烃
   B. 该有机物一定含有碳氢元素
   C. 该有机物一定含有碳、氢、氧三种元素
   D. 该有机物中一定含有碳碳单键

9. 下列有关甲烷和乙烯的说法中不正确的是( )。
   A. 它们所含元素的种类相同，但甲烷属于饱和烃，乙烯属不饱和烃
   B. 甲烷与氯气能发生取代反应，乙烯与氯气能发生加成反应
   C. 甲烷和乙烯均能发生氧化反应
   D. 甲烷中碳的含量比乙烯中碳的含量大

10. 下列烷烃中，不可能由烯烃通过加成反应而制得的是( )。
   A. 乙烷   B. 丙烷   C. 异丁烷   D. 新戊烷

11. 关于实验室制乙烯的操作，下列叙述不正确的是( )。
   A. 温度计要插入反应混合液中
   B. 圆底烧瓶中要放入少量瓷片
   C. 圆底烧瓶中注入酒精和稀硫酸体积比为1∶3
   D. 加热时使液体温度迅速升高到170℃

12. 对比甲烷和乙烯的燃烧反应，下列叙述中正确的是( )。
   A. 二者燃烧时现象完全相同
   B. 点燃前都不需验纯
   C. 甲烷燃烧的火焰呈淡蓝色，乙烯燃烧火焰较明亮
   D. 二者燃烧时都有黑烟生成

13. 把2-丁烯跟溴水作用，其产物主要是( )。
   A. 1,2-二溴丁烷   B. 2-溴丁烷   C. 2,3-二溴丁烷   D. 1,1-二溴丁烷

14. 下列各组物质中，只要总质量一定，不论以何种比例混合，完全燃烧生成 CO_2 和 H_2O 的质量也总是定值( )。
   A. 丙烷和丙烯   B. 乙烷和环丙烷   C. 乙烯和丁烯   D. 甲烷和乙烷

15. 下列各组物质在一定条件反应，可以制得较纯净的1,2-二氯乙烷的是( )。
   A. 乙烷和氯气的混合   B. 乙烯与氯化氢气体混合

C. 乙烯与氯气混合　　　　　　　　D. 乙烯通入浓盐酸

三、判断题(正确的在括号内打"√",错误的在括号内打"×")

1. 乙烯分子中6个原子在同一条直线上。　　　　　　　　　　　　　　　（　　）

2. 聚乙烯是纯净物,是聚乙烯塑料制品的原料。　　　　　　　　　　　　（　　）

四、应用题

　　某气态烃标准状况下的密度为 1.875 g/L,该气态烃完全燃烧时生成 CO_2 和水的分子个数比为1∶1,求该气态烃的结构简式。

第四节 炔烃

一、填空题

1. 0.5 mol 烃 A 在催化剂作用下与 1 mol H_2 反应生成分子式为 C_nH_{2n+2} 的烃，则 A 的分子式为_____。

2. 现有五种有机物 CH_4、C_3H_4、C_2H_4、C_2H_6、C_3H_6 质量相同，在相同状况下体积最大的是_____。

3. 含有一个碳碳三键的炔烃，氢化后的产物结构式为

$$CH_3-CH_2-\underset{\underset{CH_3}{|}}{CH}-CH_2-CH_2-\underset{\underset{CH_2-CH_3}{|}}{CH}-CH_2-CH_3$$

此炔烃可能的结构式有_____种。

4. 除去乙炔气体中混有的水蒸气，有时也可用电石作干燥剂原因是_____。

二、选择题

1. 下列电子式书写正确的是（　　）。

    A. $H:\underset{\underset{H}{|}}{\overset{..}{N}}:H$
    B. $Mg^{2+}[:\overset{..}{\underset{..}{Cl}}:]_2^-$
    C. $H^+[:\overset{..}{\underset{..}{S}}:]^{2-}H^+$
    D. $H:C::C:H$

2. 下列各组物质反应，产生的气体在同温同压下密度最小的是（　　）。

    A. CaC_2 和 H_2O
    B. $CaCO_3$ 与盐酸
    C. 乙醇与浓 H_2SO_4 共热到 170 ℃
    D. NH_4Cl 与 $Ca(OH)_2$ 固体共热

3. 下列说法正确的是（　　）。

    A. 丙炔分子中 3 个碳原子不在同一条直线上
    B. 乙炔分子中碳碳间的 3 个共价键性质完全相同
    C. 分子组成符合 C_nH_{2n-2} 的链烃一定是炔烃
    D. 在所有炔烃中，乙炔的含碳量最高

4. 鉴别甲烷、乙烯、乙炔简便可行的方法是（　　）。

    A. 溴水
    B. 酸性 $KMnO_4$ 溶液
    C. 点燃
    D. 与氢气加成

5. 关于炔烃下列叙述正确的是（　　）。

    A. 分子里含有碳碳三键的不饱和链烃叫炔烃
    B. 炔烃分子里所有碳原子在同一条直线上
    C. 炔烃易发生加成反应，也易发生取代反应
    D. 炔烃可以使溴水褪色，不可以使 $KMnO_4$ 溶液褪色

6. 利用 CaC_2 与水反应制取乙炔不用启普发生器作为气体装置的原因是（　　）。
   A. 乙炔易溶于水　　　　　　　　B. CaC_2 与水反应很慢
   C. CaC_2 与水反应很剧烈,大量放热　　D. 乙炔是可燃性气体

7. 用乙炔为原料制取 $CH_2Br—CHBrCl$,可行的反应途径为（　　）。
   A. 先加 Cl_2,再加 Br_2　　　　B. 先加 Cl_2,再加 HBr
   C. 先加 HCl,再加 HBr　　　　D. 先加 HCl,再加 Br_2

8. 在120℃将 1 L C_2H_4,2 L C_2H_6,2 L C_2H_2,与 20 L O_2 混合点燃完全燃烧后,恢复到原来状态,气体所占的体积是（　　）。
   A. 10 L　　　　B. 15 L　　　　C. 20 L　　　　D. 25 L

9. 下列物质中碳元素质量分数最大的是（　　）。
   A. CH_4　　　　B. C_2H_6　　　　C. C_2H_4　　　　D. C_2H_2

10. 某烃 1mol 能与 2mol H_2 进行完全加成反应,对氢气的相对分子质量是13,则该烃为（　　）。
    A. C_2H_4　　　　B. C_2H_2　　　　C. C_3H_6　　　　D. C_3H_4

三、判断题(正确的在括号内打"√",错误的在括号内打"×")

1. $HC≡C—CH_3$ 无同分异构体。(　　)
2. $HC≡CH$ 与 HBr 加成反应的最终产物只有一种。(　　)

第五节　芳香烃

一、填空题

0.1 mol 某烃完全燃烧生成 0.4 mol H_2O，又已知其含碳量为 91.307%，则该有机物的分子式为_____。

二、选择题

1. 下列关于苯的说法中正确的是(　　)。
   A. 苯的分子式是 C_6H_6，不能使酸性 $KMnO_4$ 溶液褪色，属饱和烃
   B. 从苯的凯库勒式看，分子中含有双键，所以属于烯烃
   C. 在催化剂作用下，苯与液溴反应生成溴苯，发生加成反应
   D. 苯分子为平面正六边形结构，六个碳原子之间的键完全相同

2. 甲苯与苯相比较，下列叙述不正确的是(　　)。
   A. 常温下都是液体　　　　　　B. 都能使酸性 $KMnO_4$ 溶液褪色
   C. 都能在空气燃烧　　　　　　D. 都能发生取代反应

3. 下列有机物中，不能跟溴水发生加成反应，却能被酸性 $KMnO_4$ 溶液氧化的是(　　)。
   A. 辛烷　　　　B. 苯　　　　C. 甲苯　　　　D. 乙炔

4. 从石油分馏得到的固体石蜡，用氯气漂白后，燃烧会产生含氯元素的气体，这是由于石蜡在漂白时与氯气发生过(　　)。
   A. 加成反应　　　　　　　　B. 取代反应
   C. 聚合反应　　　　　　　　D. 催化裂化反应

5. 下列物质中既能使溴水褪色，又能使酸性 $KMnO_4$ 溶液褪色的是(　　)。
   A. 甲苯　　　　B. SO_2　　　　C. 苯　　　　D. 乙烷

6. 某些不合格的建筑装饰材料，会缓慢放出一些危害人体健康的气体，这些气体最常见的是(　　)。
   A. NO_2　　　　　　　　　　B. SO_2
   C. CO　　　　　　　　　　　D. 甲苯蒸气、甲醛等

7. 下列各组变化中，前者属于物理变化后者属于化学变化的是(　　)。
   A. 风化、钝化　　B. 蒸馏、干馏　　C. 风化、水解　　D. 冷凝、升华

8. 碳氢化合物是一种大气污染物，下列现象的产生与碳氢化合物有关的是(　　)。
   A. 臭氧空洞　　B. 光化学烟雾　　C. 酸雨　　D. 火山爆发

9. 下列物质中可作气体燃料的是(　　)。
   A. 焦炭　　　　B. 煤焦油　　　　C. 焦炉气　　　　D. 粗氨水

10. 实验室制乙烯和分馏石油的实验中,相同之处是(　　)。
   A. 都发生了化学变化　　　　　　B. 都需加沸石
   C. 都需要冷凝装置　　　　　　　D. 温度计水银球都要插入液体中

11. 将下列各种液体分别与溴水混合并振荡,不能发生化学变化,静置后混合液分两层,水层几乎无色的是(　　)。
   A. 氯水　　　B. 乙烯　　　C. 苯　　　D. KI 溶液

12. 有 8 种物质:①甲烷、②乙烯、③苯、④聚乙烯、⑤丙炔、⑥环己烷、⑦邻二甲苯、⑧环己烯,其中既能使酸性 $KMnO_4$ 溶液褪色,又能使溴水褪色的是(　　)。
   A. ②④⑤⑧　　B. ②⑤⑧　　C. ②④⑤⑦　　D. ②④⑤⑦⑧

13. 下列关于芳香烃的叙述中正确的是(　　)。
   A. 其组成通式是 C_nH_{2n-6}　　　　B. 分子中含有苯环的烃
   C. 分子中含有苯环的各种有机物　　D. 苯及其同系物的总称

14. 能说明苯中碳碳键不是单双键交替的事实是(　　)。
   A. 苯的一元取代物没有同分异构体　　B. 苯的邻位二元取代物只有一种
   C. 苯的间位二元取代物只有一种　　　D. 苯的对位二元取代物只有一种

15. 近期我国冀东渤海发现储量达 10 亿吨的大型油田,下列有关石油的说法正确的是(　　)。
   A. 石油属于可再生能源　　　　B. 石油主要含有碳、氢两种元素
   C. 石油的裂化是物理变化　　　D. 石油分馏的各馏分均为纯净物

16. 下列物质属于纯净物的是(　　)。
   A. 苯　　　B. 聚乙烯　　　C. 汽油　　　D. 煤

三、判断题(正确的在括号内打"√",错误的在括号内打"×")

1. 苯分子中 12 个原子在同一平面上。　　　　　　　　　　　　　　　　(　　)
2. 苯的硝化反应中,浓硫酸起催化剂、脱水剂的作用。　　　　　　　　　(　　)
3. 苯的硝化反应中,温度应控制在 140℃ 左右。　　　　　　　　　　　　(　　)
4. TNT 炸药的主要成分是甲苯。　　　　　　　　　　　　　　　　　　(　　)
5. 六六六是一种食品添加剂。　　　　　　　　　　　　　　　　　　　　(　　)

三、应用题

18. 某液态烃的分子式为 C_mH_n,相对分子量为 H_2 的 46 倍,它能使酸性 $KMnO_4$ 溶液褪色,但不能使溴水褪色。在镍催化剂作用下,9.2 克该烃能与 0.3 mol H_2 发生加成反应,生成饱和烃 C_mH_p。
   求:① m、n、p 的值;
   ② C_mH_n 的结构简式和 C_mH_p 的结构简式。

第七章检测题

一、选择题

1. 以下命题违背化学变化规律的是（　　）。
   A. 石墨制成金刚石 B. 煤加氢变成人造石油
   C. 水变成汽油 D. 由乙烯制成乙醇

2. 某烃的结构简式为：$CH_3-\underset{\underset{CH_3}{|}}{CH}-\underset{\underset{CH_2-CH_2-CH_3}{|}}{CH}-CH_2-CH_3$，下列命名正确的是（　　）。
   A. 2－甲基－3－乙基戊烷 B. 3－异丙基己烷
   C. 2－甲基－3－乙基己烷 D. 5－甲基－4－乙基己烷

3. 某烃的结构简式为 —CH=CH—CH₃，它可能具有性质的是（　　）。
   A. 易溶于水，也易溶于有机溶剂
   B. 能发生加聚反应，其生成物可用 $\{CH-CH_2-CH_2\}_n$ 表示（含苯环）
   C. 能使溴水褪色，但不能使酸性 $KMnO_4$ 溶液褪色
   D. 既能使溴水褪色，又能使酸性 $KMnO_4$ 溶液褪色

4. 下列关于碳氢化合物的叙述中正确的是（　　）。
   A. 碳氢化合物的分子通式为 C_nH_{2n+2} B. 石油的主要成分是碳氢化合物
   C. 乙炔是含碳量最高的碳氢化合物 D. 碳氢化合物中的化学键都是极性键

5. 下列各物质相互反应时，能产生可燃性气体的是（　　）。
   ①木炭块投入到热的浓硝酸中　②铁丝投入稀硫酸中　③过氧化钠的粉末投入水中
   ④电石投入食盐水中
   A. ①③ B. ②④ C. ①④ D. ②③④

6. 根据下表中烃的分子式排布规律，判断空格中烃的同分异构体的数目是（　　）。

1	2	3	4	5	6	7	8
CH_4	C_2H_4	C_3H_8	C_4H_8		C_6H_{12}	C_7H_{16}	C_8H_{16}

   A. 3 B. 4 C. 5 D. 6

7. 石油是一种重要能源，人类正面临着石油短缺油价上涨的困惑，以下解决问题不当的是（　　）。
   A. 大量使用木材做燃料
   B. 推广使用乙醇汽油，即在汽油中掺入适量乙醇

C. 开发风能

D. 开发太阳能

8. 若 1 mol 某气态烃 C_xH_y 完全燃烧需有 3 mol O_2,则(　　)。

　　A. $x=2$, $y=2$　　B. $x=2$, $y=4$　　C. $x=3$, $y=6$　　D. $x=3$, $y=8$

9. 下列各分子中,所有原子不在同一平面上的是(　　)。

　　A. C_2H_2　　　　B. CS_2　　　　C. NH_3　　　　D. C_6H_6

10. 下列叙述正确的是(　　)。

　　A. 分子式相同,各种元素质量分数也相同的物质是同种物质

　　B. 通式相同的不同物质一定属于同系物

　　C. 分子式相同的不同物质一定是同分异构体

　　D. 相对分子质量相同的不同物质一定是同分异构体

11. 下列各组物质中,不能用 $KMnO_4$ 酸性溶液鉴别的是(　　)。

　　A. 乙烯和乙烷　　B. 乙烯和苯　　C. 苯和甲烷　　D. 苯和甲苯

12. 光照条件下,将等物质的量的 CH_4 与 Cl_2 混合,所得产物的物质的量最多的是(　　)。

　　A. CH_3Cl　　　B. CH_2Cl_2　　　C. $CHCl_3$　　　D. HCl

13. 气体 A、B 的通式分别为 C_nH_{2n+2} 和 C_nH_{2n-2},若用催化剂使 250 mL 混合气体加氢,在相同的条件下需要 H_2 100 mL,则原混合气体中 A、B 两体积之比为(　　)。

　　A. 1:2　　　　B. 1:3　　　　C. 1:4　　　　D. 4:1

14. 下列各类烃中,碳氢两元素质量比为一定值的是(　　)。

　　A. 烷烃　　　　B. 烯烃　　　　C. 炔烃　　　　D. 苯的同系物

15. 下列烷烃中,不可能由烯烃通过加成反应而制得的是(　　)。

　　A. 乙烷　　　　B. 丙烷　　　　C. 异戊烷　　　　D. 新戊烷

16. 下列烷烃的沸点是:甲烷$-164℃$,乙烷$-88.6℃$,丁烷$-0.5℃$,戊烷$+36.1℃$,根据上述数据判断,丙烷的沸点是(　　)。

　　A. 在$-88.6℃$和$-0.5℃$之间　　　B. 低于$-88.6℃$

　　C. 高于$+36.1℃$　　　　　　　　　D. 无法判断

17. 只用一种试剂就能将甲苯、乙烯、四氯化碳、碘化钾溶液区分开来,这种试剂是(　　)。

　　A. $KMnO_4$ 溶液　　B. KBr 溶液　　C. 溴水　　D. $AgNO_3$ 溶液

18. 下列各组液体混合物,能用分液漏斗分离的是(　　)。

　　A. 溴苯和溴　　　　　　　　B. 正己烷和水

　　C. 苯和硝基苯　　　　　　　D. 乙醇和水

19. 某烃分子中含有 4 个原子,14 个电子,则此化合物的化学式为(　　)。

　　A. CH_4　　　　B. C_2H_4　　　　C. C_2H_6　　　　D. C_2H_2

20. 目前冰箱中使用的制冷剂是氟利昂(二氯二氟甲烷),根据结构可推出氟利昂的同分异构体(　　)。

　　A. 不存在同分异构体　　　　B. 2 种
　　C. 3 种　　　　　　　　　　D. 4 种

二、应用题

1. 当 0.2 mol 烃 A 在氧气中完全燃烧生成 CO_2 和水各 1.2 mol,催化加氢后可生成 2,2-二甲基丁烷,求 A 的结构简式。

2. 写出当 1 个苯酚分子上有 2 个 Br 原子取代基的同分异构体的结构简式。

3. 实验题:
　　实验室制乙烯的实验步骤如下,填空并回答下列问题。
　　(1) 检验装置的气密性;
　　(2) 在烧瓶中加入乙醇与浓 H_2SO_4 混合液 18 mL;
　　(3) 再加入少量_____;
　　(4) 用带有_____的塞子塞住烧瓶瓶口;

(5)用酒精灯加热。

①配制乙醇与浓硫酸的混合液操作是_____

②步骤(3)的目的是_____

③步骤(5)应注意_____

4. 写出分子中含有 12 个氢原子的烷烃化学式和所有同分异构体的结构简式。

第八章 烃的衍生物

第一节 乙醇

一、填空题

1. 乙醇的结构简式是_____,可用作医疗上的消毒剂的是体积分数为_____乙醇溶液。

2. 对于司机酒后驾车,可对其呼出的气体进行检验,所利用的化学变化如下:
$2CrO_3$(红色)$+3C_2H_5OH+3H_2SO_4 \longrightarrow Cr_2(SO_4)_3$(绿色)$+3CH_3CHO+6H_2O$
被检测的气体成分是_____,上述反应的氧化剂是_____,还原剂是_____。

3. 分子式 $C_nH_{2n+1}OH(n \neq 1)$ 的醇能发生消去反应,则 n 的最小值为_____。

二、选择题

1. 下列说法正确的是( )。
   A. 乙醇和乙烯都存在碳碳双键　　B. 甲烷和乙烯都可以与氧气反应
   C. 高锰酸钾可以氧化苯和甲烷　　D. 乙烯可与氢气发生加成反应而苯不能

2. 下列说法正确的是( )。
   A. 检验乙醇中是否含有水,可加少量无水硫酸铜,如变蓝则含水
   B. 除去乙醇中的微量水,可加入金属钠,使其完全反应
   C. 获得无水乙醇的方法通常先用浓硫酸吸水,然后再加热蒸馏
   D. 甲醇是最简单的醇,它能发生消去反应而生成烯烃

3. 为了缓解能源紧张,部分省、市开始试点推广乙醇汽油,下列有关乙醇的叙述中正确的是( )。
   A. 乙醇和甲醇互为同系物　　B. 乙醇不能用玉米生产
   C. 乙醇的结构简式为 C_2H_6O　　D. 乙醇只能发生取代反应

4. 下列醇中不能发生消去反应的是( )。

   A. $CH_3-CH-CH_2-CH_2-CH_3$
         $\quad\quad\;\;|$
         $\quad\quad\;\,OH$

   B. CH_3
       $\;\;\;|$
       $CH_3-C-CH_2-CH_3$
       $\;\;\;|$
       $\;\;\;OH$

   C. $\;\;\;\;\;\;\;\;\;CH_3$
       $\;\;\;\;\;\;\;\;\;|$
       CH_2-C-CH_3
       $|\;\;\;\;\;\;\;|$
       $OH\;\;\;CH_3$

   D. $CH_3-CH-CH-CH_3$
       $\quad\quad\;\;|\;\;\;\;\,|$
       $\quad\quad\;OH\;CH_3$

5. 以下四种有机物的分子式皆为 $C_4H_{10}O$,

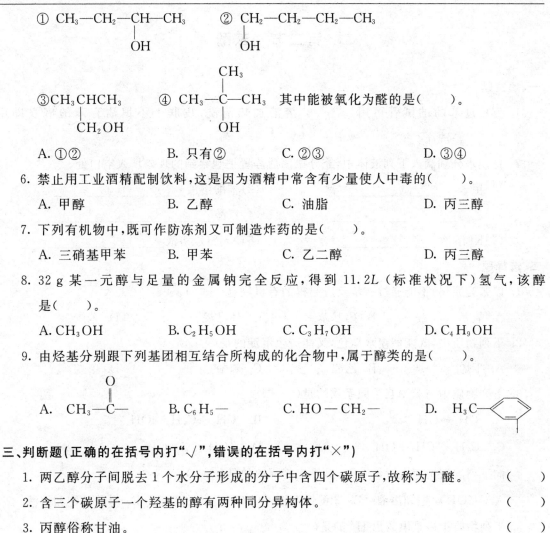

6. 禁止用工业酒精配制饮料，这是因为酒精中常含有少量使人中毒的（　　）。

   A. 甲醇   B. 乙醇   C. 油脂   D. 丙三醇

7. 下列有机物中，既可作防冻剂又可制造炸药的是（　　）。

   A. 三硝基甲苯   B. 甲苯   C. 乙二醇   D. 丙三醇

8. 32 g 某一元醇与足量的金属钠完全反应，得到 11.2L（标准状况下）氢气，该醇是（　　）。

   A. CH_3OH B. C_2H_5OH C. C_3H_7OH D. C_4H_9OH

9. 由烃基分别跟下列基团相互结合所构成的化合物中，属于醇类的是（　　）。

三、判断题（正确的在括号内打"√"，错误的在括号内打"×"）

   1. 两乙醇分子间脱去 1 个水分子形成的分子中含四个碳原子，故称为丁醚。（　　）

   2. 含三个碳原子一个羟基的醇有两种同分异构体。（　　）

   3. 丙醇俗称甘油。（　　）

第二节 苯酚

一、填空题

1. 盛放过苯酚的试管可用_____溶液加热清洗,皮肤上不慎沾有苯酚应立即用_____洗涤。

2. 把溴水分别滴入下列液体中,充分振荡后静置把观察到的现象填入空白处。

   (1)甲苯_____　　　　(2)苯酚溶液_____

   (3)乙烯_____　　　　(4)乙醇_____

   (5)KI 溶液_____　　　(6)Na_2SO_3 溶液_____

二、选择题

1. 以苯为原料,不能通过一步反应制得的有机物是(　　)。

   A. 氯苯　　　　B. 硝基苯　　　　C. 环己烷　　　　D. 苯酚

2. 下列物质中,既能使溴水褪色,又能产生沉淀的是(　　)。

   A. 丁烯　　　　B. 乙醇　　　　C. 苯酚　　　　D. 甲烷

3. 下列物质中与苯酚互为同系物的是(　　)。

   A. CH_3—OH　　　　　　　　　　B. CH_3—C_6H_4—OH

   C. C_6H_5—CH_2—OH　　　　　　D. $(CH_2)_3$C—OH

4. 向下列溶液中通入过量 CO_2,最终出现浑浊的是(　　)。

   A. $Ca(OH)_2$ 饱和溶液　B. 苯酚钠溶液　C. $CaCl_2$ 饱和溶液　D. 醋酸钠饱和溶液

5. 下列物质中最难电离出 H^+ 的是(　　)。

   A. CH_3COOH　　B. CH_3CH_2OH　　C. H_2O　　D. 苯酚

6. 下列化学名词正确的是(　　)。

   A. 三溴苯酚　　　B. 烧碱　　　C. 苯乙烯　　　D. 石碳酸

7. 下列关于苯酚的叙述中,正确的是(　　)。

   A. 苯酚呈弱酸性,能使石蕊试液显浅红色

   B. 苯酚能与水任意比混溶

   C. 苯酚有强腐蚀性,沾在皮肤上,可用酒精洗涤

   D. 苯酚能与 $FeCl_3$ 溶液反应生成紫色沉淀

8. 下列说法正确的是(　　)。

   A. 含有羟基的化合物一定属于醇类

   B. 代表醇类的官能团是跟链烃相连的羟基

C. 酚和醇都含有羟基,它们的化学性质相同

D. 分子中含有苯环和羟基的化合物一定是酚

9. 现有苯和苯酚溶液,不能将其鉴别出来的试剂是(　　)。

A. $FeCl_3$ 溶液　　　B. 水　　　C. 浓溴水　　　D. 乙醇

10. 乙醇、甘油和苯酚的共同点是(　　)。

A. 分子结构中都含有羟基　　　B. 都能和 NaOH 溶液发生中和反应

C. 与 $FeCl_3$ 溶液反应呈紫色　　　D. 常温下都是无色液体

三、应用题

1. 将 A 物质溶于水得到浑浊的溶液,向此溶液中逐渐滴加 NaOH 溶液,可观察到浑浊逐渐消失,最后得到澄清透明的 B 溶液,再向 B 溶液中通入 CO_2 气体,发现澄清的溶液又变浑浊。

(1) 写出 A、B 的结构简式。

(2) 写出上述反应的化学方程式。

2. A、B 两种物质分子式都是 C_7H_8O,若滴入 $FeCl_3$ 溶液 B 呈紫色,若投入金属钠,A、B 都有气体放出,写出 A、B 的结构简式。

第三节 乙醛和丙酮

一、填空题

1. 某有机物的结构简式为 $CH_2\!=\!CH\!-\!CHO$，该有机物的官能团是（写名称）_____，1 mol 该有机物最多能与 _____ mol H_2 发生加成反应。

2. 在硫酸铜溶液中加入适量的 NaOH 溶液后，在此溶液中滴入福尔马林，加热，依次观察到的现象是 _____ 其化学方程式是 _____ 此反应用检验 _____ 基存在。医学上常用此反应检验糖尿病病人尿中糖的多少，说明糖中可能含有 _____。

二、选择题

1. 下列物质与水的混合物可用分液漏斗分离的是（   ）。
   A. 酒精　　　　　B. 乙醛　　　　　C. 丙酮　　　　　D. 溴苯

2. 下列实验中要用到温度计，且温度计要插入到反应物的液体中测量温度的是（   ）。
   A. 由酒精制乙烯　　B. 石油的分馏　　C. 银镜反应　　D. 制乙炔

3. 反应 $CH_3\!-\!\overset{\overset{\displaystyle O}{\|}}{C}\!-\!CH_3 + H_2 \xrightarrow[\triangle]{Ni} CH_3\!-\!\overset{\overset{\displaystyle OH}{|}}{CH}\!-\!CH_3$ 属于（   ）。
   A. 加成反应　　B. 取代反应　　C. 氧化反应　　D. 聚合反应

4. 下列物质可用于消毒杀菌的是（   ）。
   ①苯酚　②高锰酸钾　③福尔马林　④双氧水　⑤次氯酸
   A. ①③⑤　　　B. ②④⑤　　　C. ①②④　　　D. 全部

5. 下列有关醛的说法中正确的是（   ）。
   A. 甲醛是甲基跟醛基相连而构成的醛
   B. 醛的官能团是—COH
   C. 饱和一元脂肪醛的分子式符合 $C_nH_{2n}O$ 通式
   D. 甲醛、乙醛、丙醛均无同分异构体

6. 下列反应中,乙醛作氧化剂的是（   ）。
   A. 乙醛与 H_2 反应　　　　　B. 乙醛与银氨溶液反应
   C. 乙醛与氧气反应　　　　　D. 乙醛与新制 $Cu(OH)_2$ 反应

7. 下列有关丙烯醛 $CH_2\!=\!CH\!-\!CHO$ 的化学性质叙述中不正确的是（   ）。
   A. 能被新制 $Cu(OH)_2$ 氧化　　　B. 能使酸性 $KMnO_4$ 褪色
   C. 能发生聚合反应　　　　　　　D. 1 mol 该有机物最多能与 1 mol H_2 加成

8. 下列物质不能发生银镜反应的是（　　）。

A. $CH_2-\overset{\overset{O}{\|}}{C}-CH_3$ B. CH_3CH_2CHO

C. $HCOOH$ D. $CH_2OH-CHOH-CHO$

9. 下列各组混合物中不能混溶的是（　　）。

A. 乙醛和乙醇 B. 苯和水

C. 酒精和水 D. 乙醛和水

10. 某有机物加氢还原反应的产物是 $CH_3-\underset{\underset{CH_3}{|}}{CH}-CH_2OH$ 该有机物是（　　）。

A. 乙醇的同系物 B. 丙醇的同分异构体

C. 丙醛的同系物 D. 丙酮的同分异构体

11. 下列试剂中,可用来清洗做过银镜反应实验的试管的是（　　）。

A. 盐酸 B. 硝酸 C. 烧碱溶液 D. 蒸馏水

12. 下列有机物中既能被酸性 $KMnO_4$ 溶液氧化,又能被托伦试剂氧化的是（　　）。

A. 乙醛 B. 乙烯 C. 丙酮 D. 甲苯

13. 在 $2HCHO+NaOH(浓)\longrightarrow HCOONa+CH_3OH$ 中 $HCHO$（　　）。

A. 仅被氧化 B. 未被氧化,未被还原

C. 仅被还原 D. 既被氧化,又被还原

14. 结构式 $\underset{\underset{}{}}{CH_2}-CH=CH-CHO$ 的物质不能发生的反应是（　　）。
（注：CH_2 上有 OH）

A. 加成反应 B. 水解反应 C. 消去反应 D. 氧化反应

15. 室内装潢和家具挥发出来的甲醛是室内空气中主要污染物,甲醛易溶于水,常温下有强烈刺激性气体,当温度超过 20℃时,挥发速度加快,根据甲醛这些性质,下列做法错误的是（　　）。

A. 入住前房内保持一定的温度并通风

B. 装修尽可能选择温度较高的季节

C. 请环境监测部门检测甲醛含量,低于国家标准再入住

D. 紧闭门窗一段时间后入住

三、判断题(正确的在括号内打"√",错误的在括号内打"×")

1. 丙酮与丙醛互为同分异构体。　　　　　　　　　　　　　　　　　　　　（　　）

2. 丙酮可被高锰酸钾溶液氧化成丙酸。　　　　　　　　　　　　　　　　　（　　）

3. 甲醛俗名蚁醛。　　　　　　　　　　　　　　　　　　　　　　　　　　（　　）

四、应用题

某 11.6 g 饱和一元醛与足量银氨溶液反应,结果析出 43.2 g Ag,写出该醛的结构简式。

第四节　乙酸和乙酸乙酯

一、填空题

1. 下列有机物中,有许多官能团。

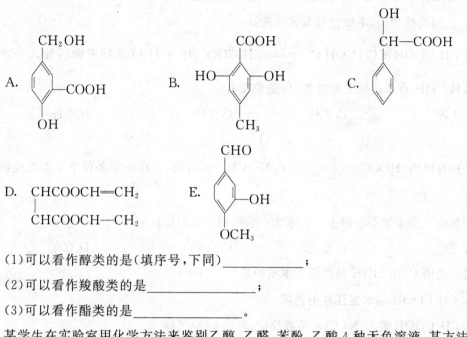

(1)可以看作醇类的是(填序号,下同)_____;

(2)可以看作羧酸类的是_____;

(3)可以看作酯类的是_____。

2. 某学生在实验室用化学方法来鉴别乙醇、乙醛、苯酚、乙酸 4 种无色溶液,其方法和操作步骤如下:

(1)向盛这 4 种溶液的试管 A、B、C、D 中分别加试剂①其中 C 试管中溶液变成蓝色,其他三支试管中无变化

(2)分别对(1)中的 4 支试管进行操作②只有 D 试管中产生砖红色沉淀

(3)另取同样编号的盛有 4 种溶液的 4 支试管,分别加入试剂③,其中 B 试管溶液变成紫色,其他 3 支试管无变化。

试回答下列问题:

试剂①是_____　操作②_____　试剂③为_____

A、B、C、D 4 支试管中分别盛的有机物是:

A. _____ B. _____ C. _____ D. _____

二、选择题

1. 下列物质中不属于羧酸类有机物的是(　　)。

　　A. 乙二酸　　　　B. 苯甲酸　　　　C. 硬脂酸　　　　D. 碳酸

2. 用一种试剂鉴别乙醛、乙醇、乙酸三种无色液体,该试剂是(　　)。

　　A. 溴水　　　　　　　　　　　　　B. Na_2CO_3 溶液

C. 银氨溶液　　　　　　　　　　　　D. 新制 $Cu(OH)_2$ 是悬浊液

3. 下列关于乙酸的说法中正确的是(　　)。

　　A. 乙酸是有刺激性气味的液体

　　B. 乙酸分子在常温下能发生酯化反应

　　C. 乙酸分子中含有 4 个氢原子,它不是一元羧酸

　　D. 乙酸酸性较弱,不能使石蕊试液变红

4. 在 $CH_3COOH + C_2H_5OH \xrightleftharpoons[\triangle]{浓 H_2SO_4} CH_3COOC_2H_5 + H_2O$ 达到平衡后加入一定量的 $C_2H_5{}^{18}OH$ 重新达到平衡时含 ^{18}O 的物质有(　　)。

　　A. 1 种　　　　B. 2 种　　　　C. 3 种　　　　D. 4 种

5. 分析有机物 $HOOC-\!\!\!\!\bigcirc\!\!\!\!-O-\overset{O}{\overset{\|}{C}}-CH_3$ 的结构,它在一定条件下不能发生的反应有(　　)。

　　①加成　②水解　③消去　④酯化　⑤中和　⑥银镜反应

　　A. ①⑤　　　　B. ②④　　　　C. ③⑥　　　　D. ②⑥

6. 可以说明 CH_3COOH 是弱酸的事实是(　　)。

　　A. CH_3COOH 与水能任意的混溶

　　B. CH_3COOH 能与 Na_2CO_3 溶液反应,产生 CO_2 气体

　　C. 1mol/L CH_3COONa 溶液约为 9

　　D. 1mol/L CH_3COOH 溶液使紫色石蕊试液变红

7. 下列物质中,能使紫色石蕊试液变红的是(　　)。

　　A. 乙醇　　　　B. 苯酚　　　　C. 乙醛　　　　D. 乙酸

8. 向 $CH_3COOH \rightleftharpoons CH_3COO^- + H^+$ 的平衡体系中,加入下列物质能使醋酸的电离程度和溶液的 pH 值都变小的是(　　)。

　　A. H_2O　　　B. CH_3COONa　　　C. $NH_3 \cdot H_2O$　　　D. H_2SO_4

9. 下列各组化合物中不属于同分异构体的是(　　)。

　　A. 乙醛,乙酸　　　　　　　　　　B. 甲酸乙酯,丙酸

　　C. CH_3CH_2CHO,$CH_3\overset{O}{\overset{\|}{C}}CH_3$　　　　D. $CH_3CH_2CH_2OH$,$CH_3OCH_2CH_3$

10. 下列物质能发生银镜反应的是(　　)。

　　A. 乙醇　　　　B. 乙烯　　　　C. 乙酸　　　　D. 甲酸乙酯

11. 关于羧酸和酯的说法不正确的是(　　)。

　　A. 羧酸和酯的分子结构中都含有羰基

B. 酯都能发生水解反应

C. 羧酸都含有烃基和羧基

D. 羧酸均易溶于水,酯均难溶于水

12. 下列物质中在不同条件下可发生水解反应的是( )。

　　A. 乙烯　　　　B. 乙酸　　　　C. 乙酸丙酯　　　　D. 乙醛

13. 某有机物的水溶液,它的氧化产物甲和还原产物乙都能与金属钠反应放出 H_2,甲和乙反应可生成丙,甲、丙都可以发生银镜反应,这种有机物是( )。

　　A. 甲醛　　　　B. 乙醛　　　　C. 甲酸　　　　D. 甲醇

14. 下列物质不能跟烧碱溶液发生反应的是( )。

　　A. 乙醇　　　　B. 苯酚　　　　C. 醋酸　　　　D. 乙酸乙酯

15. 下列反应中不能产生乙酸的是( )。

　　A. 乙醛催化氧化　　　　　　　　B. 乙酸钠与盐酸作用

　　C. 乙酸乙酯在酸性条件下水解　　D. 乙酸乙酯在碱性条件下水解

三、判断题(正确的在括号内打"√",错误的在括号内打"×")

1. 油脂在碱性条件下可生成肥皂。　　　　　　　　　　　　　　　　　　( )

2. 乙酸的酸性强于碳酸。　　　　　　　　　　　　　　　　　　　　　　( )

3. 乙酸的水溶液俗称冰醋酸。　　　　　　　　　　　　　　　　　　　　( )

4. 乙酸乙酯在酸性条件下的水解是不可逆的。　　　　　　　　　　　　　( )

第八章检测题

一、选择题

1. 相同物质的量浓度下列物质的稀溶液中，pH最小的是（　　）。
   A. 乙醇　　　　B. 乙酸　　　　C. 苯酚　　　　D. 碳酸

2. 某有机物的结构为 HO—CH_2—CH=$CHCH_2$—COOH，该有机物不可能发生的化学反应是（　　）。
   A. 水解　　　　B. 酯化　　　　C. 加成　　　　D. 氧化

3. 下列物质能与镁反应并生成氢气的是（　　）。
   A. CO_2　　　　B. 醋酸溶液　　　　C. 乙烷　　　　D. Na_2CO_3溶液

4. 在有机物分子中，不能引入羟基的是（　　）。
   A. 氧化反应　　　B. 还原反应　　　C. 水解反应　　　D. 消去反应

5. 下列仪器中，实验时仪器的下端必须插入液面下的是（　　）。
   A. 分馏石油时的温度计
   B. 制备氢气的简单装置中的长颈漏斗
   C. 制备氯气装置中的分液漏斗
   D. 制备乙酸乙酯时冷凝蒸气的导管

6. 某饱和一元醛发生银镜反应可得21.6 g银，将等量的该醛完全燃烧，生成3.6 g水，此醛可能是（　　）。
   A. 甲醛　　　　B. 乙醛　　　　C. 丙醛　　　　D. 丁醛

7. 下列关于某些社会问题的说法中，不正确的是（　　）。
   A. 禁用含铅汽油是为了提高汽油的燃烧效率
   B. 甲醇含量超标的酒绝对不能饮用
   C. 甲醛是某些劣质装饰材料释放的常见室内污染物之一
   D. 氟氯烃对大气臭氧层具有破坏作用

8. 用括号内的试剂除去下列各物质中的少量杂质，正确的是（　　）。
   A. 溴苯中的溴（KI溶液）　　　　B. 苯酚中的苯（溴水）
   C. 乙烷中的乙烯（氢气）　　　　D. 乙酸乙酯中的乙酸（饱和Na_2CO_3溶液）

9. 为缓解能源紧张，部分省市开始推广乙醇汽油，下列有关乙醇的叙述中，正确的是（　　）。
   A. 乙醇和甲醇为同系物　　　　B. 乙醇不能用玉米生产
   C. 乙醇的结构简式为C_2H_6O　　　　D. 乙醇只能发生取代反应

10. 能用来区别丙酮与乙醛的试剂是（　　）。
    A. 水   B. 乙醇
    C. 托伦试剂   D. 氢氧化钠溶液

11. 现有三组混合液：①乙酸乙酯和乙酸钠溶液；②乙醇和丁醇；③溴化钠和单质溴的水溶液，分离以上混合物的正确方法依次是（　　）。
    A. 分液　萃取　蒸馏   B. 萃取　蒸馏　分液
    C. 分液　蒸馏　萃取   D. 蒸馏　萃取　分液

12. 下列各组混合物不能混溶的是（　　）。
    A. 乙醛和乙醇   B. 乙酸乙酯和水
    C. 酒精和水   D. 甲醛和水

13. 某有机物加氢还原反应的产物是 $CH_3-\underset{\underset{CH_3}{|}}{CH}-CH_2OH$ ，该有机物是（　　）。
    A. 乙醇的同系物   B. 丙醇的同分异构体
    C. 丙醛的同分异构体   D. 乙醛的同系物

14. 下列试剂中，可用来清洗做过银镜反应实验试管的是（　　）。
    A. 盐酸   B. 硝酸   C. 烧碱   D. 稀硫酸

15. 下列各组物质中，最简式相同，但既不是同系物，又不是同分异物体的是（　　）。
    A. 丙烯　环丙烯   B. 乙酸　甲酸甲酯
    C. 乙烯　1—己烯   D. 甲醛　甲酸甲酯

16. 家庭中热水瓶或热水壶中的水垢，常用（　　）来浸泡清除。
    A. 食盐水   B. 食用醋
    C. 纯碱水溶液   D. 低度数白酒

17. 下列物质中最难电离出 H^+ 的是（　　）。
    A. 乙醇   B. 苯酚   C. 乙酸   D. 水

18. 1998年山西朔州发生假酒案，假酒中严重超标的有毒成分是（　　）。
    A. $\underset{\underset{OH}{|}}{CH_2}-\underset{\underset{OH}{|}}{CH}-\underset{\underset{OH}{|}}{CH_2}$ B. CH_3OH
    C. $CH_3COOCH_2CH_3$ D. CH_3COOH

19. 某有机物具有下列性质，能发生银镜反应，滴入石蕊试液不变色，加入少量的碱液并滴入酚酞试液共煮而红色消失，则原有机物是下列物质中的（　　）。
    A. 甲酸乙酯   B. 甲酸   C. 乙醛   D. 乙酸甲酯

20. 在实验室里不宜长期置放，应在使用时配置的溶液是（　　）。
    ①酚酞试剂　②银氨溶液　③Na_2CO_3　④$Cu(OH)_2$是悬浊液　⑤酸化的$FeCl_3$溶液

⑥H_2S水溶液

　　A. 只有②④　　　B. 除①之外　　　C. ②④⑥　　　D. 全部

二、应用题

1. 已知某有机物的结构简式为 $CH_2=CH-CH-CH_2OH$
　　　　　　　　　　　　　　　　　　　　　|
　　　　　　　　　　　　　　　　　　　　 CH_3

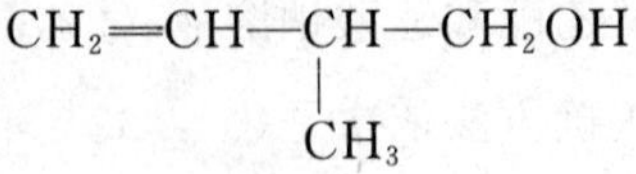

　①写出该有机物中所含官能团的名称。

　②写出该有机物聚合反应后，所得产物的结构简式。

　③写出该有机物发生消去反应的化学方程式。

2. 用化学方法鉴别（区别）下列各组物质，将加入的试剂和现象填入下表。

序号	待测物质	加入试剂	现象
1	乙醛与乙酸		
2	CH_3CH_2OH与水		
3	甲苯与苯酚		
4	乙酸与甲酸		

3. 某含碳、氢、氧元素的有机物 A 能发生如下变化：

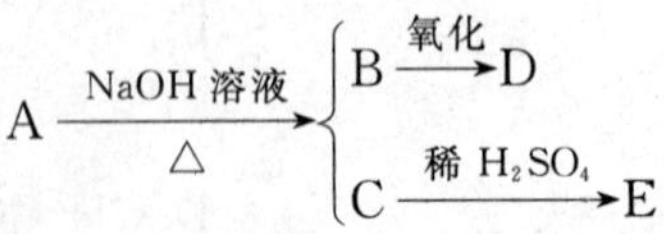

$$A \xrightarrow[\triangle]{NaOH溶液} \begin{cases} B \xrightarrow{氧化} D \\ C \xrightarrow{稀 H_2SO_4} E \end{cases}$$

已知 A、C、D、E 均能发生银镜反应，B 能跟金属钠反应，16 g B 跟钠反应放出 H_2 体积在标况下为 5.6 L，B 分子中含饱和烃基，

试写出 A、B、C、D、E 的结构简式。

A. _____　　　　　B. _____

C. _____　　　　　D. _____

E. _____

4. 有机物 A 的蒸气密度折算成标准状态时为 2.68g/L，A 不溶于水，但在酸性或碱性条件下可以与水发生反应，生成二种有机物。又知 A 中元素的质量分数 C：0.40，H：0.067；其余为氧，试通过计算确定 A 的分子式和结构简式。

第九章 糖和蛋白质

第一节 糖

一、填空题

1. 科学家预言未来最理想的燃料是绿色植物,即将植物的秸秆(主要成分是纤维素)用适当的催化剂作用水解生成葡萄糖,再将葡萄糖转化为乙醇作燃料。

   写出绿色植物的秸秆转化为乙醇的化学方程式。

   ① _____ ;

   ② _____ 。

2. 淀粉和纤维素的分子式都可用通式_____表示,但二者 m 是_____同的,它们都属于_____糖,在性质上跟单糖、二糖不同,没有_____味,都____(填"能"或"不能")发生银镜反应,但在稀硫酸的催化作用下都能发生_____反应,反应的最终产物是_____。

3. 纤维素分子由很多个_____单元构成,每个单元含有____个醇羟基。经测定,棉花中纤维素的平均相对分子质量为 174960,则平均每个纤维素分子中含有____个单糖单元。

二、选择题

1. 下列物质不属于混合物的是(　　)。
   A. 纤维素　　　　　　　　　B. 蔗糖完全水解的产物
   C. 淀粉完全水解的产物　　　D. 淀粉

2. 下列物质中没有醇羟基的是(　　)。
   A. 甲酸　　B. 苯甲醇　　C. 葡萄糖　　D. 纤维素

3. 下列物质中相对分子量最大的是(　　)。
   A. 麦芽糖　　B. 蔗糖　　C. 淀粉　　D. 纤维素

4. 葡萄糖在人体中发生的主要反应是(　　)。
   A. 加成反应　　B. 聚合反应　　C. 水解反应　　D. 氧化反应

5. 下列各糖中能发生水解,且属于还原性糖的是(　　)。
   A. 葡萄糖　　B. 蔗糖　　C. 麦芽糖　　D. 纤维素

6. 下列说法正确的是(　　)。
   A. 糖类物质的分子式可以用 $C_n(H_2O)_m$ 表示
   B. 凡能溶于水且具有甜味的化合物属于糖类
   C. 糖类物质都能发生水解反应

D. 糖类物质不一定都发生银镜反应

7. 下列有关葡萄糖的叙述中错误的是(　　)。
   A. 能加氢生成六元醇　　　　　　B. 能与醇发生酯化反应
   C. 能发生银镜反应　　　　　　　D. 能被氧化为 CO_2 和 H_2O

8. 下列有机物中,既能发生水解反应,又能发生银镜反应的是(　　)。
   A. 葡萄糖　　　　B. 麦芽糖　　　　C. 蔗糖　　　　D. 乙酸甲酯

9. 下列反应中用于检验尿液中是否含有葡萄糖的是(　　)。
   A. 加金属钠看是否有氢气放出
   B. 与新制 $Cu(OH)_2$ 混合后共热,观察是否有砖红色沉淀生成
   C. 与醋酸和浓 H_2SO_4 共热,观察是否有香味物质
   D. 加入酸性 $KMnO_4$ 溶液,看溶液是否褪色

10. 有关麦芽糖的说法中,错误的是(　　)。
    A. 纯净的麦芽糖的无色晶体、易溶于水、有甜味
    B. 麦芽糖的分子结构中有醛基,因此它是一种还原性糖
    C. 1 mol 麦芽糖水解生成 1 mol 葡萄糖和 1 mol 果糖
    D. 麦芽糖与蔗糖分子式相同,但结构不同,它们互为同分异构体

11. 下列物质中可用作食品防腐剂的是(　　)。
    A. 木糖醇　　　　B. 味精　　　　C. 苯甲酸　　　　D. 抗坏血酸

12. 关于葡萄糖和蔗糖的比较,下列说法不正确的是(　　)。
    A. 葡萄糖不能水解,蔗糖能水解
    B. 蔗糖的相对分子质量是葡萄糖的两倍
    C. 葡萄糖的还原性糖,蔗糖是非还原性糖
    D. 浓 H_2SO_4 能使它们都发生碳化现象

13. 淀粉和纤维素的组成都可以用 $(C_6H_{10}O_5)_n$ 表示,因此它们是(　　)。
    A. 同分异构体　　B. 同系物　　　C. 同种物质　　　D. 多糖类物质

14. 关于纤维素的说法中,不正确的是(　　)。
    A. 制造纤维素硝酸酯　　　　　　B. 食品工业的主要原料
    C. 造纸工业原料　　　　　　　　D. 制造纤维素乙酸酯

15. 向淀粉中加入少量稀 H_2SO_4,并加热使其发生水解。为测其水解程度需加下列试剂中的(　　)。
    ①NaOH 溶液　②银氨溶液　③新制 $Cu(OH)_2$ 悬浊液　④碘水　⑤$BaCl_2$ 溶液
    A. ①⑤　　　　B. ②④　　　　C. ①③④　　　　D. ②③④

16. 下列事实能用同一原理解释的是(　　)。

A. SO_2、Cl_2 都能使品红溶液褪色

B. NH_4Cl 晶体、固体碘受热时都会气化

C. 福尔马林、葡萄糖与新制 $Cu(OH)_2$ 共热时,都有红色沉淀生成

D. 苯酚、乙烯都能使溴水褪色

17. 青苹果汁遇碘溶液显蓝色,熟苹果汁能还原银氨溶液,这说明(　　)。

  A. 青苹果中只含淀粉,不含糖类　　B. 熟苹果中只含糖类不含淀粉

  C. 苹果转熟时淀粉水解为单糖　　D. 苹果转熟时单糖聚合成淀粉

18. 蔗糖与不同浓度的硫酸可以发生①水解反应　②脱水反应　③加成反应　④取代反应　⑤加聚反应中的(　　)。

  A. ①②　　　　B. ③④　　　　C. ③⑤　　　　D. ③④⑤

19. 下列物质互为同分异构体的是(　　)。

  A. 乙醇与乙醚　　　　　　　B. 葡萄糖与麦芽糖

  C. 淀粉与纤维素　　　　　　D. 对甲基苯酚与苯甲醇

20. 对淀粉的叙述,不正确的是(　　)。

  A. 能形成溶胶　　　　　　　B. 能遇 I^- 变蓝色

  C. 能被浓 H_2SO_4 脱水　　　D. 水解有低聚糖生成

三、解答题

有 A、B、C、D 四种无色溶液,它们分别是葡萄糖溶液、蔗糖溶液、淀粉溶液、甲酸乙酯的一种,经实验可知:

①B、C 均能发生银镜反应　②A 遇碘水变蓝色　③A、C、D 均能发生水解反应,水解液均能发生银镜反应

请回答下列问题:

(1) A 是_____;B 是_____;C 是_____;D 是_____

(2) 写出有关化学方程式

 蔗糖水解:_____　　淀粉水解:_____　　甲酸乙酯水解:_____

第二节 蛋白质

一、填空题

1. 蛋白质、淀粉是两类重要的营养物质,它们的共同性质是都能发生_____反应,反应的最终产物分别是_____、_____,其中与光合作用有直接关系的是_____,与尿素有关系的是_____。

2. (1)蛋白质的组成元素有_____,蛋白质是由不同_____按不同排列顺序相互结合而构成的高分子化合物,天然蛋白质水解的最终产物是_____。

   (2)在澄清的蛋白质溶液中加入以下各物质时,
   ①加入大量饱和的食盐水,现象为_____,此过程叫做_____。
   ②加入甲醛溶液现象为_____,此过程称为蛋白质的_____。
   ③加入浓 HNO_3 并微热,现象为_____,这是由于浓 HNO_3 与蛋白质发生了_____反应的缘故。

二、选择题

1. 下列过程中,肯定不可逆的是(　　)。
   A. 蛋白质的盐析　　B. 蛋白质的变性　　C. 酯的水解　　D. 醋酸的电离

2. 氨基酸不能发生的反应是(　　)。
   A. 酯化反应　　B. 与碱溶液中和反应　　C. 缩合反应　　D. 水解反应

3. 酶是一种(　　)。
   A. 糖类物质　　B. 酯类物质　　C. 氨基酸　　D. 蛋白质

4. 关于蛋白质性质的说法中,不正确的是(　　)。
   A. 蛋白质溶液加入任何盐溶液,都会使蛋白质变性
   B. 蛋白质遇浓硝酸(微热条件)会显示黄色
   C. 蛋白质水解的最终产物是多种氨基酸
   D. 蛋白质被灼烧时,产生具有烧焦羽毛的气味

5. 为了鉴别某白色纺织品的成分是蚕丝还是人造丝,通常选用的方法是(　　)。
   A. 滴加浓 HNO_3　　B. 滴加浓 H_2SO_4　　C. 滴加酒精　　D. 火焰上灼烧

6. 在下列物质中,能使蛋白质变性的是(　　)。
   ①K_2SO_4　②HCHO　③$MgSO_4$　④乙醇　⑤硝酸　⑥$Hg(NO_3)_2$　⑦NH_4Cl　⑧KOH
   A. ①②④⑥　　B. ①③⑤⑦⑧　　C. ①②③④⑤　　D. ②④⑤⑥⑧

7. 下列物质既能与盐酸反应,又能与 NaOH 溶液反应的是(　　)。
   ① $NaHCO_3$　② $(NH_4)_2S$　③ $Al(OH)_3$　④ NH_4Cl　⑤ CH_2—COOH
   　　　　　　　　　　　　　　　　　　　　　　　　　　　　　　　　|
   　　　　　　　　　　　　　　　　　　　　　　　　　　　　　　　　NH_2
   ⑥CH_3COOH

A. ①②③   B. ①②④⑤   C. ⑤⑥   D. ①②③⑤

8. "春蚕到死丝方尽"诗句中的"丝"是指(　　)。

     A. 纤维素   B. 蛋白质   C. 淀粉   D. 糖类

9. 下列元素不是蛋白质组成的主要元素的是(　　)。

     A. 碳   B. 氢   C. 氮   D. 氯

10. 市场上有一种加酶洗衣粉,即在洗衣粉中加入少量的碱性蛋白酶,它的催化活性很强,衣服的汗渍、血渍以及人体排放的蛋白质遇到它,皆能水解而除去。下列衣料中,不能用加酶洗衣粉洗涤的是(　　)。

     ①棉织品   ②毛织品   ③腈纶织品   ④蚕丝织品   ⑤涤纶织品   ⑥锦纶织品

     A. ①②③   B. ②④   C. ③④⑤   D. ③⑤⑥

11. 把①蔗糖　②淀粉　③纤维素　④蛋白质在稀硫酸存在下分别水解,最终产物只有一种的是(　　)。

     A. ②③   B. ③   C. ④   D. ①②

12. 生命起源的研究是世界科技领域的一大课题,科学家模拟几十亿年前地球的还原性大气环境进行紫外线辐射实验(当时无臭氧层),认为生命起源第一层次是产生了硝基化合物可能互为同分异构体的物质,这物质是(　　)。

     A. 醇类   B. 羧酸类   C. 糖类   D. 氨基酸

     大豆食品中有丰富的蛋白质和脂肪,由大豆配制的菜肴很多,它是人体营养中最重要的补品,我们每天都要食用大量的豆制品,请回答下列问题:

13. 我们所吃的豆腐是一种(　　)。

     A. 蛋白质凝胶   B. 纯蛋白质   C. 脂肪   D. 淀粉

14. 点豆腐采用的凝聚剂是(　　)。

     A. 石膏   B. $CuSO_4$ C. $BaCl_2$ D. $NaCl$

15. 我们食用的大豆,最终补给人体的主要成分是(　　)

     A. 氨基酸   B. 蛋白质   C. 脂肪   D. 糖类

三、解答题

下图为人体某项生理过程中所发生的化学反应示意:

Ⓐ　Ⓑ ⟶ ⒶⒷ ⟶ Ⓐ Ⓒ/Ⓓ

(1) 图示:＿＿＿代表酶,其化学本质是＿＿＿＿,基本组成单位是＿＿＿＿。

(2) 如果 B 代表蔗糖,则 C、D 分别代表＿＿＿＿＿。

(3) 关于葡萄糖与蔗糖相比较说法中错误的是(　　)。

     A. 它们的分子式不同,但化学元素组成相同

     B. 蔗糖能水解而葡萄糖不能

     C. 它们是同分异构体   D. 葡萄糖是单糖而蔗糖是多糖

第九章检测题

一、选择题

1. 下列黄色不属于因化学反应而产生的是( )。
   A. 无色试剂瓶中的浓 HNO_3 呈黄色
   B. 久置的 KI 溶液呈黄色
   C. 鸡皮遇浓 HNO_3 呈黄色
   D. 在普通玻璃导管口点燃纯净的 H_2 时,火焰呈黄色

2. 下列物质中,不属于天然高分子化合物的是( )。
   A. 淀粉　　　　B. 纤维素　　　　C. 聚乙烯　　　　D. 蛋白质

3. 下列有机物既能发生水解反应,又能发生银镜反应的是( )。
   A. 蔗糖　　　　B. 麦芽糖　　　　C. 纤维素　　　　D. 蛋白质

4. 把 NaOH 溶液和 $CuSO_4$ 溶液加入某病人的尿液中,微热时如果能观察到砖红色沉淀,说明尿液中含有( )。
   A. 食醋　　　　B. 白酒　　　　C. 蛋白质　　　　D. 葡萄糖

5. 毛发的主要成分是( )。
   A. 脂肪　　　　B. 纤维素　　　　C. 蛋白质　　　　D. 葡萄糖

6. 在一定的条件下,由葡萄糖制乙六醇的反应属于( )。
   A. 氧化反应　　B. 还原反应　　C. 取代反应　　D. 消去反应

7. 纤维素和淀粉的最终产物都是葡萄糖,这是因为( )。
   A. 两者互为同系物　　　　　　B. 两者互为同分异构体
   C. 两者结构单元相同　　　　　D. 两者都是多糖

8. 人造丝和蚕丝都是( )。
   A. 高分子化合物　　　　　　　B. 蛋白质
   C. 合成高分子化合物　　　　　D. 纤维素制品

9. 能和强酸,也能和强碱反应的高分子化合物的是( )。
   A. 甘氨酸　　　B. 苯甲酸甲酯　　C. 淀粉　　　D. 蛋白质

10. 血红蛋白分子的式量约为 6800,已知其中含铁元素 3.3%,则平均每个血红蛋白分子中含铁原子数为( )。
    A. 5　　　　B. 4　　　　C. 3　　　　D. 2

11. 硫酸在下列反应中只起催化作用的是( )。
    ①乙醇的消去反应　②酯化反应　③淀粉水解　④硝化反应

A. ②③　　　　B. ③④　　　　C. ③　　　　D. ①③

12. 农业上使用的杀菌剂波尔多液是由 $CuSO_4$ 和石灰乳按一定的比例配制而成的,它能防治植物病毒的原因是(　　)。

　　A. $CuSO_4$ 使菌体蛋白质水解　　　　B. 石灰乳使菌体蛋白质水解

　　C. 菌体蛋白质溶于波尔多液　　　　D. 铜离子和石灰乳使菌体蛋白质变性

13. 下列实验可行的是(　　)。

　　A. 加入适量铜粉除去 $Cu(NO_3)_2$ 溶液中的 $AgNO_3$ 杂质

　　B. 用 NaOH 溶液除去 CO_2 中混有的 HCl 气体

　　C. 用浓硫酸与蛋白质的颜色反应鉴别蛋白质

　　D. 用乙醇从碘水中萃取碘

14. 某校学生用化学知识解决实际生活中的问题,下列家庭小实验不合理的是(　　)。

　　A. 用食醋除去暖水瓶中的薄层水垢

　　B. 用米汤检验含碘盐水中的碘酸钾

　　C. 用熟苹果催熟青苹果

　　D. 用灼烧闻气味的方法区别纯棉织物和纯毛织物

15. 下列说法中正确的是(　　)。

　　A. 淀粉和纤维素都是纯净物　　　　B. 蛋白质的水解为纯净物

　　C. 蔗糖和淀粉都不显还原性　　　　D. 人造丝、蚕丝的主要成分是蛋白质

16. 下列有机物质在酸性催化下发生水解反应,生成两种不同的有机物且这两种有机物的相对分子质量相等,该有机物是(　　)。

　　A. 蔗糖　　　　B. 麦芽糖　　　　C. 丙酸丙酯　　　　D. 丙酸乙酯

17. 下列说法不正确的是(　　)。

　　A. 蔗糖不是淀粉的水解产物　　　　B. 蔗糖的水解产物能发生银镜反应

　　C. 蔗糖是多羟基的醛类化合物　　　　D. 蔗糖与麦芽糖互为同分异构体

18. 糖原是一种相对分子质量比淀粉更大的多糖,主要在于肝脏的肌肉中,所以又叫动物淀粉和肝糖,下列关于糖的叙述正确的是(　　)。

　　A. 糖原与淀粉、纤维素互为同分异构体　　B. 糖原、淀粉、纤维素属于同系物

　　C. 淀粉水解的最终产物为葡萄糖　　　　D. 糖原只有还原性,能发生银镜反应

19. 下列叙述中,不可逆的是(　　)。

　　A. 蛋白质的盐析　　　　B. 酯的水解

　　C. 蛋白质的变性　　　　D. $FeCl_3$ 的水解

20. 欲将蛋白质从水中析出又不改变它的性质应加入(　　)。

　　A. 饱和 Na_2SO_4 溶液　　　　B. 浓 H_2SO_4

  C. 甲醛溶液   D. $CuSO_4$ 溶液

二、解答题

1. 现有六种有机物①纤维素 ②甘油 ③甲酸乙酯 ④淀粉 ⑤葡萄糖 ⑥苯酚 试回答下列问题(填序号)

   (1)能与银氨溶液发生银镜反应的是_____。

   (2)能与 NaOH 溶液共热而发生水解的是_____。

   (3)能使溴水褪色且产生白色沉淀的是_____。

   (4)与 HNO_3 发生酯化反应,其产物常用作炸药的是_____。

2. 下面有 6 种有机物,用提供的试剂分别鉴别,将所用试剂及产生的现象的序号填在各个横线上。

有机物	试剂	现象
①甲苯	a. 溴水	A. 橙色褪去
②苯乙烯	b. 酸性 $KMnO_4$ 溶液	B. 紫色褪去
③苯酚	c. 浓 HNO_3	C. 呈蓝色
④葡萄糖	d. 碘水	D. 出现红色溶液
⑤淀粉	e. $FeCl_3$ 溶液	E. 呈黄色
⑥蛋白质	f. 新制 $Cu(OH)_2$	F. 呈紫色

   ①_____ ②_____ ③_____ ④_____ ⑤_____ ⑥_____

3. 将 3.42 g 蔗糖与 3.24 g 淀粉混合并完全水解,若生成 m g 葡萄糖和 n g 果糖,求 $n:m$ 的值。

4. 写出下列反应名称。

   (1)蛋白质在胃蛋白酶和胰蛋白酶作用下变成氨基酸:_____。

   (2)由棉花制硝酸纤维:_____。

   (3)由甲苯制 TNT:_____。

第十章 有机高分子材料

检测题

一、填空题

1. 通常把相对分子质量很大的化合物称为_____简称_____,相对分子质量一般从_____到_____甚至更大。高分子化合物按其来源可分为_____高分子材料和_____高分子材料两大类;棉花、羊毛、天然橡胶属_____高分子材料,塑料、合成纤维、丁苯橡胶属于_____高分子材料。

2. 有机高分子化合物有两种最基本的结构类型,即_____和_____结构,线型结构的高分子有带_____的,也有不带_____的。

3. 我们通常所说的三大合成材料是_____、_____、_____。

4. 塑料的主要成分是_____,根据需要,在塑料中加入适当的添加剂,如为了提高塑料的可塑性,使塑料柔软,需加入_____;为防止塑料的老化,需加入_____等。根据塑料的性质分为_____和_____两大类。像聚乙烯、聚氯乙烯等属于_____塑料;酚醛塑料等属于_____塑料。

5. 化学纤维分为_____和_____,根据来源不同,橡胶又可分为_____和_____。

6. "白色污染"是指_____。在自然界,塑料垃圾难以分解。埋在土壤里经久不烂,造成_____污染和_____污染;如果焚烧废弃塑料,又会造成_____等。治理"白色污染"的较理想的方法有_____、_____和_____。

二、选择题

1. 下列物质一定不是天然高分子的是( )。
   A. 橡胶 B. 蛋白质 C. 尼龙 D. 纤维素

2. 下列说法中不正确的是( )。
   A. 从实验中测得某种高分子化合物的相对分子质量只能是平均值
   B. 线型结构的高分子也可以带支链
   C. 高分子化合物不溶于任何溶剂
   D. 高分子化合物一般不易导电

3. 下列关于乙烯和聚乙烯叙述中正确的是( )。

A. 都能使溴水褪色,性质相似   B. 互为同系物

C. 最简式相同   D. 分子组成相同

4. 下列原料或制成的产品中,若出现破损不可以进行修补的是( )。

     A. 聚氯乙烯凉鞋   B. 电木插座

     C. 自行车内胎   D. 聚乙烯塑料膜

5. 下列塑料制品中,可选作食品包装材料的是( )。

     A. 聚氯乙烯   B. 聚乙烯   C. 聚苯乙烯   D. 聚四氟乙烯

6. 由 $CH_3CH_2CH_2OH$ 制备 $\{CH_2-CH(CH_3)\}_n$ 所发生的化学反应有①取代反应 ②消去反应 ③加聚反应 ④酯化反应 ⑤还原反应 ⑥水解反应类型中的( )。

     A. ①④   B. ②③   C. ②③⑤   D. ②④

7. 下列说法不正确的是( )。

     A. 通常所说的三大合成材料是指塑料、合成纤维、合成橡胶

     B. 塑料的主要成分是合成树脂,另外还含有一些添加剂

     C. 用木材等经化学加工制成的黏胶纤维属于合成纤维

     D. 合成橡胶的原料是石油和煤

8. 科技文献中经常出现下列词汇,其中与相关物质的颜色并无联系的是( )。

     A. 绿色食品   B. 白色污染   C. 棕色烟气   D. 赤潮

9. 下列物质中有固定溶沸点的是( )。

     A. 汽油   B. 聚乙烯   C. 花生油   D. 乙酸

10. 现代以石油化工为基础的合成材料是:①合成氨 ②塑料 ③医药 ④合成橡胶 ⑤合成尿素 ⑥合成纤维 ⑦合成洗涤剂( )。

     A. ②④⑦   B. ②④⑥   C. ①③⑤   D. ④⑤⑥

11. 通常人们所说的新科技革命"三大支柱"不包括( )。

     A. 材料   B. 能源   C. 交通   D. 信息

12. 某学生实验完毕后,用下列方法清洗所用仪器:①用稀硝酸洗涤做过银镜反应的试管;②用酒精洗涤沾有酚醛树脂的试管;③用二硫化碳洗涤沾有硫黄的试管;④用盐酸洗涤盛过饱和石灰水的试剂瓶。则( )。

     A. 除②外都正确   B. 除④外都正确   C. ①②正确   D. 全部都正确

13. 有关塑料的说法不正确的是( )。

     A. 塑料的主要成分是合成树脂   B. 热塑性塑料可反复加工,多次使用

     C. 酚醛树脂可制热固性塑料   D. 通用塑料在任何领域中通用

14. 下列物质不属于新型有机高分子材料的是( )。

A. 高分子分离膜　　　　　　　B. 液晶高分子材料
C. 生物高分子材料　　　　　　D. 有机玻璃

15. 下列说法不正确的是(　　)。
    A. 线型结构和体型结构的有机高分子都可溶解在适当溶剂中
    B. 某些高分子化合物具有热固性，它们受热时不会熔化
    C. 高分子链之间存在较强的作用力，因此高分子材料强度都很高
    D. 普通高分子材料存在易被消耗不耐高温的特点

16. 聚丙烯酸酯，它属于(　　)。
    ①无机化合物　②有机化合物　③高分子化合物　④离子化合物　⑤共价化合物
    A. ①③④　　　B. ①③⑤　　　C. ②③⑤　　　D. ②③④

17. 下列物质中，不属于合成材料的是(　　)。
    A. 塑料　　　B. 人造纤维　　　C. 合成橡胶　　　D. 黏合剂

18. 具有单双键交替长键如,…—CH=CH—CH=CH—CH=CH—…高分子有可能成为导电塑料。2000年诺贝尔化学奖即授予开辟此领域的3位科学家,下列高分子中可能成为导电塑料的是(　　)。
    A. 聚乙烯　　　B. 聚丁乙烯　　　C. 聚苯乙烯　　　D. 聚乙炔

19. 下列说法中正确的是(　　)。
    A. 化学纤维都是高分子　　　　　B. 合成纤维的生产过程中都发生了加聚反应
    C. 黏胶纤维是经过化学加工的合成纤维
    D. 合成纤维的主要原料是烯烃和二烯烃

20. 对于某些合成材料和塑料制品废弃物处理方法正确的是(　　)。
    A. 将废弃物混在垃圾中埋在土壤中　　　B. 将废弃物进行焚烧处理
    C. 将废弃物加工成涂料或汽油　　　　　D. 将废弃物倾倒在海洋里

三、应用题

1. 聚苯乙烯结构为
   $\{CH—CH_2\}_n$

   试回答下列问题:
   ①它的链和单体是什么?

②若它的相对分子质量为 n（平均值为 5200），求 n 的值。

2. 酚醛塑料一般为体型网状结构，推测其基本性质。

3. 合成纤维的主要原料是什么？在合成纤维中常称为"三大合成纤维"的是什么？

4. 从下列物质中选出相应的物质，将它的序号填入各小题的空格中。
   A. 乙二醇　B. 氯仿　C. 甲醇　D. 甲醛　E. 苯酚　F. 烯烃和二烯烃　G. 乙炔
   (1) 可以溶解有机玻璃的是＿＿＿＿＿＿＿＿＿＿＿＿＿＿＿＿＿＿；
   (2) 用于合成酚醛树脂的是＿＿＿＿＿＿＿＿＿＿＿＿＿＿＿＿＿＿；
   (3) 用于生产某种合成橡胶的是＿＿＿＿＿＿＿＿＿＿＿＿＿＿＿；
   (4) 溶液用于浸制生物标本的是＿＿＿＿＿＿＿＿＿＿＿＿＿＿＿；
   (5) 用于合成聚氯乙烯的是＿＿＿＿＿＿＿＿＿＿＿＿＿＿＿＿＿。

综合测试题(一)

一、单项选择题(本大题共 20 小题,每小题 2 分,共 40 分)

在每小题给出的四个备选项中只有一项是符合题目要求的,请将其代码填写在题后的括号内。未选、错选或多选均不得分。

1. $^{46}_{20}Ca^{2+}$ 的中子数为____。
   A. 20　　　　　　B. 26　　　　　　C. 46　　　　　　D. 66

2. 下列物质属于纯净物的是 ____。
   A. 氯水　　　　　B. 漂白粉　　　　C. 液氯　　　　　D. 盐酸

3. 不能使干燥的有色布条褪色的是 ____。
   A. 潮湿的氯气　　B. 新制的氯水　　C. 次氯酸溶液　　D. 液氯

4. 把铜放在浓硫酸中加热,会产生____气体。
   A. H_2　　　　　B. H_2S　　　　C. SO_2　　　　 D. SO_3

5. 在锌与稀硫酸反应中,锌 ____。
   A. 被氧化,发生了还原反应　　　　B. 被还原,发生了氧化反应
   C. 被氧化,发生了氧化反应　　　　D. 被还原,发生了还原反应

6. 反应 $2A(g) \rightleftharpoons 2B(g)+E(g)-Q$ 达到平衡,要使正反应速率降低,A 的浓度增大,应采取的措施是 ____。
   A. 加压　　　　　B. 减压　　　　　C. 升温　　　　　D. 降温

7. 下列化学方程式中,$Ba^{2+}+SO_4^{2-}=BaSO_4\downarrow$ 不能用来表示的是 ____。
   A. $Ba(NO_3)_2+H_2SO_4=BaSO_4\downarrow+2HNO_3$
   B. $BaCl_2+Na_2SO_4=BaSO_4\downarrow+2NaCl$
   C. $BaCO_3+H_2SO_4=BaSO_4\downarrow+H_2O+CO_2\uparrow$
   D. $BaCl_2+H_2SO_4=BaSO_4\downarrow+2HCl$

8. 鉴别甲烷、一氧化碳和氢气三种无色气体的方法,是将它们分别 ____。
   A. 先后通入溴水和澄清的石灰水
   B. 点燃后罩上内壁涂有澄清石灰水的烧杯
   C. 点燃,先后罩上干燥的冷烧杯和内壁涂有澄清石灰水的烧杯
   D. 点燃后罩上内壁涂有澄清石灰水的烧杯,通入溴水。

9. 下列盐的溶液呈碱性的是 ____。
   A. Na_2CO_3　　　B. Na_2SO_4　　　C. $AlCl_3$　　　D. $FeCl_3$

10. 物质的量浓度相同的三种盐 NaX、NaY 和 NaZ 的溶液,其 pH 各为 8、9、10,则 HX、HY、HZ 的酸性由强到弱的顺序是 ____ 。

 A. HX、HZ、HY B. HZ、HY、HX C. HX、HY、HZ D. HY、HZ、HX

11. 将一小块金属钠久置于空气中,最后得到的物质是 ____ 。

 A. Na B. Na_2O C. NaOH D. Na_2CO_3

12. 焰色反应呈黄色的是 ____ 。

 A. 锂 B. 钙 C. 钠 D. 铜

13. 在光照条件下,将体积相同的 CH_4 和 Cl_2 混合,产物中物质的量最多的是 ____ 。

 A. CH_3Cl B. CH_2Cl C. $CHCl_3$ D. HCl

14. 下列反应的有机产物为纯净物的是 ____ 。

 A. CH_4 和 Cl_2 光照 B. 乙烯加聚
 C. 乙醇和浓硫酸共热 D. 乙烯与氯化氢加成

15. 下列物质中,能与钠反应的是 ____ 。

 A. CH_3-CH_3 B. CH_3-CH_2OH C. $CH_2=CH_2$ D. CH_3CHO

16. 甲试管中盛有苯酚的水溶液,乙试管中盛有苯酚钠的水溶液,向两试管中各滴加紫色石蕊试剂,则会出现 ____ 。

 A. 甲试管为紫色,乙试管为蓝色 B. 甲试管为红色,乙试管为蓝色
 C. 甲试管为红色,乙试管为紫色 D. 甲试管为紫色,乙试管为紫色

17. 药皂具有杀菌、消毒作用,通常在普通肥皂中加入少量的 ____ 。

 A. 甲醛 B. 苯酚 C. 乙醇 D. 丙酮

18. 误食重金属盐中毒时,可采用的急救解毒的方法是 ____ 。

 A. 喝醋 B. 喝葡萄糖溶液 C. 喝热牛奶 D. 喝生鸡蛋清

19. 氟利昂—12 的结构式为 $Cl-\underset{\underset{F}{|}}{\overset{\overset{F}{|}}{C}}-Cl$ 。下列有关叙述正确的是 ____ 。

 A. 它只是一种结构 B. 它有两种同分异构体
 C. 它有四种同分异构体 D. 它是平面分子

20. 根据结构,高分子材料可分为线型和体型。下列性质中属于体型结构材料的是 ____ 。

 A. 弹性强 B. 可溶性 C. 热固性 D. 密度大

二、应用题(本大题共 4 小题,每小题 15 分,共 60 分)

1. 要配制 500 mL 0.2 mol/L 的 $CuSO_4$ 溶液,实验操作步骤有:

 ①在天平上称取 m g $CuSO_4$,将它放在烧杯中,用适量蒸馏水使其完全溶解;

 ②将所得溶液沿玻璃棒注入 500 容量瓶中;

③继续向容量瓶中加水至液面距刻度线 1～2 cm 处；

④用胶头滴管加蒸馏水至凹液面底部与刻度线相切；

⑤用少量水洗涤烧杯和玻璃棒 2～3 次,每次洗涤液都转入容量瓶中；

⑥将容量瓶瓶塞塞紧,充分摇匀。

填写下列空白:(元素相对原子质量:Cu—64、S—32、O—16)

(1) m 的值为 _____ ;(6分)

(2)上述操作正确的步骤为 _____ ;(填序号。3分)

(3)若配制时遗漏步骤④,会使所配溶液浓度 _____ ;(填"偏高"或"偏低"。3分)

(4)在操作步骤④时,眼睛应 _____ 。(3分)

2. 某有机物 A 在一定条件下与 H2 反应生成有机物 B,与 O_2 反应生成有机物 C,产物 B 与 C 在浓硫酸作用下,可生成一种有香味的有机物 D(化学式为 $C_4H_8O_2$)。

请按要求填空：

(1)写出有机物结构简式：A _____ ；B _____ ；C _____ ；D _____ 。(6分)

(2)写出有关反应的化学方程式:(9分)

A ⟶ B：_____ ；

A ⟶ C：_____ ；

B + C ⟶ D：_____ 。

3. 6.5 g Zn 与 40 mL 2 mol/L 的 H_2SO_4 溶液充分反应,生成的气体在标准状况下的体积为多少升？(15分)

4. 现有 25 mL 0.02 mol/L 的 H_2SO_4 溶液,试计算：

(1)该硫酸溶液的 pH；(6分)

(2)中和此硫酸溶液,需 0.02 mol/L 的 NaOH 溶液的体积。(9分)

综合测试题(二)

一、单选题(本大题共 20 小题,每小题 2 分,共 40 分)

在每小题给出的四个备选项中只有一项是符合题目要求的,请将其代码填写在题后的括号内。未选、错选或多选均不得分。

1. 原子序数为 12 的元素在周期表中的位置是____。
   A. 第一周期ⅡA族   B. 第三周期ⅡA族
   C. 第二周期ⅡA族   D. 第三周期ⅡB族

2. 下列物质的碱性最强的是____。
   A. NaOH   B. Mg(OH)   C. Ca(OH)   D. KOH

3. 下列气体能使品红溶液褪色的是____。
   A. CO_2 B. SO_2 C. HCl   D. NH_3

4. 下列试剂瓶中的溶液敞口放置一段时间后,质量明显增加的是____。
   A. 稀盐酸   B. 稀硫酸   C. 浓盐酸   D. 浓硫酸

5. 下列气体中,能使湿润的红色石蕊试纸变蓝的是____。
   A. H_2S B. HCl   C. NH_3 D. NO_2

6. 在下列反应中,其他条件不变,增加压强后,反应速率不会改变的是____。
   A. $N_2 + O_2 \rightleftharpoons 2NO$ B. $HF + NaOH \rightleftharpoons NaF + H_2O$
   C. $C + CO_2 \rightleftharpoons 2CO$ D. $CaCO_3 \rightleftharpoons CaO + CO_2$

7. 下列酸的浓度均为 1 mol/L,其中氢离子浓度最小的是____。
   A. 30 mL 盐酸   B. 10 mL 硫酸   C. 40 mL 醋酸   D. 20 mL 硝酸

8. 在 pH 为 12 的溶液中滴加酚酞,溶液呈____。
   A. 黄色   B. 红色   C. 蓝色   D. 橙色

9. 下列各组离子不能在溶液中大量共存的是____。
   A. NH_4^+ 和 NO_3^- B. NH_4^+ 和 OH^- C. Ba^{2+} 和 NO_3^- D. Ba^{2+} 和 OH^-

10. 把金属钠放入大量 $FeCl_3$ 稀溶液中,最终不可能得到大量的____。
    A. Fe   B. H_2 C. $Fe(OH)_3$ D. NaCl

11. 工业上用洗净的废铜屑作原料来制备硝酸铜,为了节约原料和防止污染环境,宜采取的方法是____。
    A. $Cu + HNO_3(浓) \longrightarrow Cu(NO_3)_2$
    B. $Cu + HNO_3(稀) \longrightarrow Cu(NO_3)_2$
    C. $Cu \xrightarrow[\text{加热}]{\text{空气}} CuO \xrightarrow{HNO_3} Cu(NO_3)_2$

D. $Cu \xrightarrow[\text{加热}]{\text{浓硫酸}} CuSO_4 \xrightarrow{Ba(NO_3)_2} Cu(NO_3)_2$

12. 下列化合物中,不能由两种单质直接化合得到的是____。
    A. Fe_3O_4　　　　B. $CuCl_2$　　　　C. $FeCl_3$　　　　D. $FeCl_2$

13. 常温时呈气态的烷烃所含碳原子数一般不超过____个。
    A. 3　　　　B. 4　　　　C. 5　　　　D. 6

14. 两种气态烃组成的混合气体0.1mol,完全燃烧得到7.04 g CO_2 和3.6 g H_2O,则该混合气体中一定含有____。
    A. 甲烷　　　　B. 乙烷　　　　C. 丙烷　　　　D. 丁烷

15. 下列反应属于消去反应的是____。
    A. 乙醇与浓硫酸加热到170℃　　　　B. 乙醇与浓硫酸加热到140℃
    C. 乙醇与氧气在铜的催化下加热　　　　D. 乙醇与乙酸在浓硫酸中加热

16. 苯酚与溴水反应的有机产物为____。
    A. 1、3、5－三溴苯酚　　　　B. 2、4、6－三溴苯酚
    C. 3、4、5－三溴苯酚　　　　D. 1、2、3－三溴苯酚

17. 下列反应中有机物被还原的是____。
    A. 由乙醇制乙醛　　　　B. 乙醛的银镜反应
    C. 由乙醛制乙酸　　　　D. 由乙醛制乙醇

18. 能用分液漏斗分离的一组是____。
    A. 乙酸、乙酯和醋酸　　　　B. 醋酸和 Na_2CO_3 溶液
    C. 酒精和甘油　　　　D. 乙酸、乙酯和 Na_2CO_3 溶液

19. 某奶粉的氮元素含量为 $a\%$,则其蛋白质含量为____。
    A. 0.16 a %　　　　B. 0.65 a %　　　　C. 4.25 a %　　　　D. 6.25 a %

20. 某有机物的结构简式为 $HO-CH_2CH=CHCH_2-COOH$,该有机物不可能发生的化学反应是____。
    A. 水解　　　　B. 酯化　　　　C. 加成　　　　D. 氧化

二、应用题(本大题共 4 小题,每小题 15 分,共 60 分)

1. 在进行钠和水反应的实验中,有如下操作和现象,请解释:
   (1)切下的钠块要用滤纸擦净煤油后方可放入水中,原因是:_____
   _____;
   (2)钠块必须用镊子夹取,不得用手指拿取,原因为:_____;
   (3)钠块投入水中后,会熔化成银白色小球并浮于水面,原因为:_____
   _____;
   (4)钠小球在水面上无规则游动,其原因为:_____;
   (5)若在钠块投入水前已向水中滴入数滴酚酞试液,反应后溶液颜色变化为:_____,

原因为(写化学方程式即可)：_____。

2. 有 A、B、C、D、E 五种有机物，分别由 C、H 两种元素或 C、H、O 三种元素组成。五种有机物各取 0.1mol，分别燃烧，都能得到 4.48 L(标准状况下)CO_2。已知：

(1)E 氧化得到 A，A 氧化得到 B；

(2)D 在一定条件下与 H_2O 加成能得到 E，D 与 H_2 加成能得到 C；

(3)B 易溶于水，水溶液呈酸性。

则这五种有机物的结构简式分别为：

A _____，B _____，C _____，D _____，E _____。

3. 实验室用 8.7 g MnO_2 与溶质质量分数为 36.5%，密度为 1.19 g/mL 的浓盐酸(足量)共热制氯气。要求：

(1)写出该反应的化学方程式；(3分)

(2)计算该盐酸的物质的量的浓度；(6分)

(3)计算生成的 Cl_2 在标准状况下的体积。(6分)
(元素的相对原子质量：Mn—55、O—16、Cl—35.5、H—1)

4. 工业制硫酸的有关反应为：

$4FeS_2 + 11O_2 \Longrightarrow 8SO_2 \uparrow + 2Fe_2O_3$

$2SO_2 + O_2 \Longrightarrow 2SO_3$

$SO_3 + H_2O \Longrightarrow H_2SO_4$

现有 12 吨的 FeS_2，试计算可生成质量分数为 98% 的硫酸多少吨？(假定各步均完全转化)(元素相对原子质量：Fe—56，S—32，O—16，H—1)

参考答案

第一章

第一节

一、填空题

1. 质量数为 A 质子数为 Z 的 X 原子
2. 能量最低的电子层；能量较高的电子层
3. $2n^2$ 8 2 18 32

二、选择题

1. D 2. D 3. C 4. D 5. A 6. B 7. B 8. A 9. B 10. D 11. D 12. D 13. D

三、应用题

1. (1) Mg^{2+} (+12) 2 8 (2) O (+8) 2 6 (3) S

2. 39；19；19；13；14；13；8；16；10

3. A 是 N，B 是 Mg

4. (1) ^6_3Li 和 ^7_3Li (2) $^{14}_7N$ 和 $^{14}_6C$ (3) $^{23}_{11}Na$ 和 $^{24}_{12}Mg$

第二节

一、填空题

1. 质子数 核电荷数 核外电子数 核外电子排布 原子半径 元素主要化合价 金属性和非金属性
2. 硅 Si SiH_4
3. (1) H Li (2) Li F (3) HF
4. HF H_2O NH_3 CH_4
5. NaF

二、选择题

1. B 2. B 3. B 4. C 5. A 6. C 7. A 8. A 9. D 10. B 11. A 12. A

三、判断题

1. × 2. √ 3. × 4. ×

第三节

一、填空题

1. $MgCl_2$：Mg× + 2 :Cl: ⟶ [:Cl:]⁻ Mg^{2+} [   ]⁻   KBr：K× + :Br: ⟶ K⁺ [×:Br:]⁻

H_2O: $2H^\times + \cdot\ddot{\underset{\cdot\cdot}{O}}\cdot \longrightarrow H^\times\ddot{\underset{\cdot\cdot}{O}}^\times H$ NH_3: $\cdot\overset{\cdot\cdot}{\underset{\cdot}{N}}\cdot + 3H^\times \longrightarrow H^\times\overset{\overset{H}{\times}}{\underset{\times}{N}} H$

2. NaCl H_2S N_2 NaOH Na_2O H_2O_2

二、选择题

1. C 2. A 3. C 4. D 5. C 6. A 7. C 8. D

三、判断题

1. × 2. √ 3. √ 4. ×

第一章检测题

一、选择题

1. A 2. C 3. D 4. D 5. C 6. D 7. C 8. A 9. B 10. B 11. D 12. C 13. A 14. D 15. C 16. C 17. B 18. C 19. C 20. A

二、应用题

1. (1) H_2S: $2H^\times + \cdot\ddot{\underset{\cdot\cdot}{S}}\cdot \longrightarrow H^\times\ddot{\underset{\cdot\cdot}{S}}^\times H$ $\cdot\overset{\cdot\cdot}{\underset{\cdot}{N}}\cdot + 3H^\times \longrightarrow H^\times\overset{\overset{H}{\times}}{\underset{\times}{N}} H$ $\cdot\overset{\cdot}{\underset{\cdot}{C}}\cdot + 2\cdot\ddot{\underset{\cdot\cdot}{O}}\cdot \longrightarrow \ddot{\underset{\cdot\cdot}{O}}^\times\overset{\times}{\underset{\times}{C}}^\times\ddot{\underset{\cdot\cdot}{O}}$

2. NaCl: $Na^\times + \cdot\ddot{\underset{\cdot\cdot}{Cl}}: \longrightarrow Na^+[:\ddot{\underset{\cdot\cdot}{Cl}}:]^-$ MgO: $Mg^\times\times + \cdot\ddot{\underset{\cdot\cdot}{O}}\cdot \longrightarrow Mg^{2+}[:\ddot{\underset{\cdot\cdot}{O}}:]^{2-}$

   O_2: $2\cdot\ddot{\underset{\cdot\cdot}{O}}\cdot \longrightarrow \ddot{\underset{\cdot\cdot}{O}}::\ddot{\underset{\cdot\cdot}{O}}$

3. (1) Na (2) NaOH (3) $Al(OH)_3$ (4) $HClO_4$ (5) HCl

4. 32 16 S 三 ⅥA H_2SO_4 H_2S

第二章

第一节

一、填空题

1. 6.02×10^{23}

2. 4 2.408×10^{24}

3. 98 g   98 g/mol   98

4. 6.02×10^{23} 1.204×10^{24} 4

5. 79   79 g/mol

6. 108 g/mol

7. 40 g   3   1

二、选择题

1. D 2. B 3. C 4. B 5. A 6. C 7. B 8. B 9. D 10. B 11. D 12. D 13. B 14. C 15. D

三、应用题

1. $M(Ar) = 40$ g/mol $M(Al) = 27$ g/mol $M(Cl_2) = 71$ g/mol

   $M(H_2SO_4) = 98$ g/mol $M(BaCO_3) = 197$ g/mol

   $M(NH_4NO_3) = 80$ g/mol $M(CuSO_4 \cdot 5H_2O) = 250$ g/mol

2.（1）$n(NaOH) = 0.25$ mol　　（2）$n(H_2) = 5$ mol　　（3）$n(SO_3) = 0.125$ mol
（4）$n(Ca) = 0.25$ mol

3.(1) 0.25 mol　0.5 mol　20 g　　(2) $n(Na^+)=1$ mol　$n(SO_4^{2-})=0.5$ mol
(3) $m(CaCO_3)=500$ g　$n(CaCO_3)=5$ mol

第二节

一、填空题

1. 11.2 L　　2. 相等　2∶3　1∶1　2∶3　　3. H_2　CO_2　　4. 44 g/mol

5. 30 g/mol　30

二、选择题

1. C　2. C　3. B　4. C　5. A　6. B　7. D　8. B　9. D　10. B　11. D

三、判断题

1. ×　2. ×　3. √　4. ×　5. ×

四、应用题

1. (1) 2.24 L　(2) 22.4 L　(3) 22.4 L　(4) 44.8 L

2. 40

3. (1) 1∶1　1∶1　(2) 7∶8

第三节

一、填空题

1. 0.5　　2. 2 mol/L　　3. 1　　4. $6.02×10^{23}$　4 mol/L

5. 31 mL

二、选择题

1. D　2. A　3. C　4. D　5. D　6. D　7. D　8. D　9. A　10. A　11. D　12. B

三、应用题

1. ②③①④⑤

2. 200 g　3. (1) 24%　(2) 2.69 mol/L　　4. 0.05 mol　4.9 g

第四节

一、填空题

(1) 放　(2) 吸

二、选择题

1. C　2. A　3. C　4. B　5. B

三、应用题

14 kg

第二章检测题

一、选择题

1. B 2. B 3. D 4. B 5. C 6. C 7. D 8. A 9. A 10. D 11. B 12. A 13. B 14. D 15. C 16. D 17. B 18. A 19. B 20. A

二、应用题

(1) 20 mL

(2) 用量筒量取浓 H_2SO_4，沿烧杯内壁缓缓注入水中，并不断搅拌

(3) 在容量瓶中加入少量水盖上瓶塞后上下振荡看是否漏水，再将瓶塞旋转180°上下振荡看是否漏水

(4) 冷却

(5) 胶头滴管；用蒸馏水洗涤烧杯2~3次，并将洗涤液转移到容量瓶中；偏低。

2. (1) 5% (2) 0.1 mol/L

3. 0.2 mol

4. 21 mL

第三章

第一节

一、填空题

1. 氟 氯 溴 碘 砹 卤素 7 得到 －1 氟气(F_2) 碘

2. 氟气和氯气 溴 碘

3. 碘 氟气

4. 强烈刺激性 黄绿色 大

5. 发出黄色火焰，集气瓶中充满白色的烟 $2Na+Cl_2 \xrightarrow{\text{点燃}} 2NaCl$

6. 灼热的铜丝在氯气中剧烈燃烧，集气瓶里充满棕黄色的烟 $Cu+Cl_2 \xrightarrow{\text{点燃}} CuCl_2$ 蓝绿色

7. 光照 氯化氢 H_2在氯气中安静地燃烧，火焰呈苍白色，同时集气瓶上方充满白雾 氯化氢

8. 剧烈燃烧，产生白色烟雾 PCl_3和PCl_5 $2P+3Cl_2 \xrightarrow{\text{点燃}} 2PCl_3$ $PCl_3+Cl_2 == PCl_5$

9. HClO HClO $2HClO \xrightarrow{\text{光照}} 2HCl+O_2\uparrow$

10. Cl_2有毒，污染环境 NaOH溶液 $2NaOH+Cl_2 == NaCl+NaClO+H_2O$

11. 杀菌消毒

12. 均产生白色沉淀 $Na_2CO_3+2AgNO_3 == Ag_2CO_3\downarrow+2NaNO_3$，$NaCl+AgNO_3 == AgCl\downarrow+NaNO_3$ Ag_2CO_3，原Na_2CO_3溶液的试管中沉淀消失，有气泡冒出，原NaCl溶液的试管无明显变化 $Ag_2CO_3+2HNO_3 == AgNO_3+CO_2\uparrow+H_2O$

二、选择题

1. D 2. A 3. C 4. A 5. A 6. C 7. C 8. B 9. D

三、判断题

1. × 2. × 3. × 4. × 5. √ 6. × 7. × 8. × 9. √ 10. √

四、应用题

1. 解： $MnO_2 + 4HCl(浓) \xrightarrow{\triangle} MnCl_2 + Cl_2\uparrow + 2H_2O$
              87   22.4
         $100\times 87\%$ x

   答：可制取标况下氯气 22.4 L。

2. 方法一：
   据氯原子守恒：$n(Cl_2) = \dfrac{0.2\times 3 + 0.4\times 5}{2} = 1.3 \text{ mol}$

   $m(Cl_2) = 1.3\times 71 = 92.3 \text{ g}$

   方法二：$3Cl_2 + 2P = 2PCl_3$ $5Cl_2 + 2P \xrightarrow{点燃} 2PCl_5$
              3 : 2   5 : 2
           0.3 mol 0.2 mol   1.0 mol 0.4 mol

   所以，$n(Cl_2) = 0.3 + 1.0 = 1.3 \text{ mol}$。

   答：至少消耗氯气 92.3 g。

3. 据稀释定律：$C_1V_1 = C_2V_2$

   $10 \text{ mol/L} \times 10\times 10^{-3} \text{ L} = C_2 \times 100\times 10^{-3} \text{ L}$

   所以，$C_2 = 1 \text{ mol/L}$

   答：稀释后盐酸浓度为 1 mol/L。

第二节

一、填空题

1. 氧、硫、硒、碲、钋 6 依次增多 逐渐增大 减弱 减弱 氧 硫 硒 碲 钋

2. +6 -2 RO_3 H_2R

3. 小 弱

4. 淡黄 不易 粉末 硫华

5. 无色 臭鸡蛋 有 能 氢硫酸 弱酸 酸

6. $2H_2S + O_2(少量) \xrightarrow{点燃} 2H_2O + 2S$ $2H_2S + 3O_2(足量) \xrightarrow{点燃} 2SO_2 + 2H_2O$

7. 无 有 有 易 能

8. 亚硫酸盐 硫酸 $Na_2SO_3 + H_2SO_4 = Na_2SO_4 + H_2O + SO_2\uparrow$

9. 酸性 亚硫酸 亚硫酐

10. (1)脱水性 (2)吸水性 (3)吸水性 (4)强氧化性 (5)吸水性

11. 均产生白色沉淀：$Na_2CO_3 + BaCl_2 = BaCO_3\downarrow + 2NaCl$
                  $Na_2SO_4 + BaCl_2 = BaSO_4\downarrow + 2NaCl$

    原盛 Na_2SO_4 的试管中无明显现象，盛 Na_2CO_3 的试管中沉淀消失，有气泡产生。

$$BaCO_3 + 2HNO_3 = Ba(NO_3)_2 + H_2O + CO_2\uparrow$$

二、选择题

1. C 2. D 3. A 4. D 5. C 6. D 7. A 8. C 9. D 10. C 11. D 12. D 13. D 14. D

三、判断题

1. × 2. × 3. √ 4. × 5. × 6. √ 7. × 8. √ 9. × 10. ×

四、应用题

1. 解：$4FeS_2 + 11O_2 \xrightarrow{\text{煅烧}} 8SO_2 + 2Fe_2O_3$

   $2SO_2 + O_2 \underset{\triangle}{\overset{\text{催化剂}}{\rightleftharpoons}} 2SO_3$；$SO_3 + H_2O = H_2SO_4$

   所以，FeS_2 ～ $2H_2SO_4$

      120 : 2×98

    10 t·60% : x·98%

     $x = 10$ t

   答：可制取 98% mH_2SO_4 10 吨。

2. 解：$2Ca(OH)_2 + 2SO_2 + O_2 = 2CaSO_4 + 2H_2O$

       2 : 2

     $x = 1$ mol : $\dfrac{64}{64} = 1$ mol

   所以，$V_{Ca(OH)_2} = \dfrac{1 \text{ mol}}{0.01 \text{ mol/L}} = 100$ L

   答：需 0.01 mol/L $Ca(OH)_2$ 100 L。

3. 解：$Cu + 2H_2SO_4(\text{浓}) \xrightarrow{\triangle} CuSO_4 + SO_2\uparrow + 2H_2O$

     64 : 2×98   1

     64 g : x g y mol

      $x = 196$ g $y = 1$ mol

   答：需耗硫酸 196 g，同时生成 1 mol 硫酸铜。

五、解：

① 分别取四种溶液少许于四支小试管中，对应编号。

② 向四支小试管中分别加入 $Ba(NO_3)_2$ 溶液，产生沉淀的原溶液为 Na_2CO_3 或 Na_2SO_4，无现象的为 NaCl 或 $NaNO_3$。

③ 向产生白色沉淀的两支小试管中分别滴加稀硝酸，沉淀消失有气泡冒出的原溶液为 Na_2CO_3，无明显变化的原溶液为 Na_2SO_4。

④ 向无现象的两支试管中滴加硝酸银溶液，产生白色沉淀的原溶液为 NaCl，另一支无明显现象的原溶液为 $NaNO_3$。

$Ba(NO_3)_2 + Na_2CO_3 = BaCO_3\downarrow + 2NaNO_3$

$BaCO_3 + 2HNO_3 = Ba(NO_3)_2 + CO_2\uparrow + H_2O$

$Ba(NO_3)_2 + Na_2SO_4 = BaSO_4\downarrow + NaNO_3$

$NaCl + AgNO_3 = NaNO_3 + AgCl\downarrow$

第三节

一、填空题

1. ⅤA　氮　磷　砷　锑　铋　氮　磷和砷　锑和铋　减弱　增强
2. 5　+5　R_2O_5　RH_3(H_3R)
3. 两个氮原子以共价三键相互结合　:N⦂⦂N:
4. 无　有　小　制冷剂　极易　氨水
5. 红色　蓝色　氨气与水生成的一水合氨是一元弱碱
6. 产生大量白烟　$NH_3+HCl=\!=\!=NH_4Cl$
7. 铵离子　酸根　易　NH_4^+
8. 溶解了 NO_2
9. 在常温下，铝遇浓硝酸钝化
10. 浓盐酸　浓硝酸　3∶1

二、选择题

1. D　2. B　3. A　4. A　5. C　6. D　7. D　8. C　9. C　10. B　11. C　12. A

三、判断题

1. √　2. ×　3. √　4. ×　5. √　6. √　7. ×　8. √

四、实验题

A 为 NH_4Cl　　B 为 NH_3　　C 为 AgCl

$2NH_4Cl+Ca(OH)_2\xrightarrow{\triangle}CaCl_2+2NH_3\uparrow+H_2O$

$NH_4Cl+AgNO_3=\!=\!=AgCl\downarrow+NH_4NO_3$

五、应用题

1. 解：$n_{NH_4Cl}=\dfrac{53.5\ g}{53.5\ g/mol}=1\ mol$

   $Ca(OH)_2+2NH_4Cl\xrightarrow{\triangle}CaCl_2+2NH_3\uparrow+H_2O$
   　　　　　　　　2　　　　　：　　　2
   　　　　　　　　1 mL　　：　　1 mol

   所以，$V_{NH_3}=1\times 22.4=22.4\ L$

   $C_{NH_3\cdot H_2O}=\dfrac{1\ mol}{0.5\ L}=2\ mol/L$

2. 解：$n_{Cu}=\dfrac{96}{64}=1.5\ mol$

   $3Cu+8HNO_3=\!=\!=3Cu(NO_3)_2+2NO\uparrow+4H_2O$
   　　3　　：　　8　　　　　　　　　　　　2
   　　1.5　：　$y=4\ mol$　　　　　　$x=1\ mol$

   $V_{NO}=1\times 22.4=22.4\ L$

   $M_{HNO_3}=4\times 63=252\ g$

   答：消耗 HNO_3 252 g，同时生成 NO 22.4 L。

第四节

一、填空题

1. ⅣA 碳 硅 锗 锡 铅 4个 +4 RO_2 RH_4
2. 增大 减弱 减弱 增强
3. 弱 小于 大于
4. 皮肤 骨骼 结缔组织 腺体 淋巴结
5. 灰 金属 灰黑 粉末
6. 硅石 坚硬难熔
7. SiO_2 是酸性氧化物，与 NaOH 反应生成 Na_2SiO_3 $2NaOH + SiO_2 == Na_2SiO_3 + H_2O$
8. 石灰石和黏土 $3CaO·SiO_2$、$2CaO·SiO_2$ 和 $3CaO·Al_2O_3$ 纯碱、石灰石和石英 Na_2SiO_3、$CaSiO_3$、SiO_2

二、选择题

1. C 2. C 3. B 4. D 5. D 6. A 7. B

三、判断题

1. × 2. × 3. √ 4. × 5. √ 6. × 7. × 8. √ 9. √

四、应用题

解：(1) $CaCO_3 + 2HCl == CaCl_2 + H_2O + CO_2\uparrow$
　　　　100　：　2　　　　　　　　　　　22.4
　　　$x = 80$ g, $y = 1.6$ mol　　　　　　17.92 L

所以，SiO_2 的质量分数 $= \dfrac{100-80}{100} \times 100\% = 20\%$，此时 $n_{HCl(过量)} = 1 \times 2 - 1.6 = 0.4$ mol

(2) $HCl + NaOH = NaCl + H_2O$
　　　1　：　1
　　0.4mol：0.4mol

$V_{NaOH} = \dfrac{0.4\,\text{mol}}{1\,\text{mol/L}} = 0.4$ L

答：SiO_2 含量 20%，中和过量盐酸需用 1 mol/L NaOH 0.4 L。

第五节

一、填空题

1. 氧化反应 还原反应 失去
2. 还原 +2 0 降低 氧化 0 +1 升高
3. 氧化 还原 氧化还原反应
4. 得到 降低 还原 还原 失去 升高 氧化 氧化
5. 降低 还原 升高 氧化
6. 得到 还原 降低 失去 氧化 升高
7. 相等

二、选择题
  1. C 2. D 3. ADC 4. A 5. A 6. BD 7. C 8. C

三、判断题
  1. × 2. × 3. × 4. √ 5. √ 6. × 7. × 8. √ 9. ×

四、略

五、略

六、略

第三章检测题

一、选择题
  1. B 2. B 3. B 4. B 5. D 6. A 7. D 8. A 9. A 10. B 11. D 12. C 13. B
  14. B 15. A 16. C 17. A 18. C 19. C 20. C

二、1. (1) A：K_2SO_4 B：$Ba(OH)_2$ C：$(NH_4)_2SO_4$ D：KCl E：NH_4Cl

(2) $K_2SO_4 + Ba(OH)_2 =\!=\!= 2KOH + BaSO_4\downarrow$

$Ba(OH)_2 + (NH_4)_2SO_4 \xrightarrow{\triangle} BaSO_4\downarrow + 2NH_3\uparrow + 2H_2O$

$Ba(OH)_2 + NH_4Cl \xrightarrow{\triangle} BaCl_2 + 2NH_3\uparrow + 2H_2O$

2. ① $c = \dfrac{1\times 1000\times 1.80\times 98\% \div 98}{1} = 18.0$ mol/L

② $n_{H_2SO_4} = 18.0$ mol/L $\times 1$ L $= 18.0$ mol

$$Cu + 2H_2SO_4(浓) \xrightarrow{\triangle} CuSO_4 + SO_2\uparrow + H_2O$$
$\quad\quad 64\quad :\quad 2 \quad\quad\quad\quad\quad\quad\quad 22.4$
$m_{Cu} = 576$ g : 18.0 $\quad\quad\quad\quad\quad V_{SO_2} = 201.6$ L

3. 解：$Cl_2 + 2KI = 2KCl + I_2$
$\quad\quad 1$ mol $\quad\quad :\quad 25.4$ g
$\quad x = 0.1$ mol $\quad\quad 25.4$ g

$MnO_2 + 4HCl(浓) \xrightarrow{\triangle} MnCl_2 + Cl_2\uparrow + 2H_2O$
$\quad\quad 87\quad\quad :\quad\quad\quad\quad\quad\quad\quad 1$
$\quad\quad y = 8.7$ g $\quad\quad\quad\quad\quad\quad\quad 0.1$ mol

答：至少需 8.7 g MnO_2

4. 略。

第四章

第一节

一、填空题
  1. 是不一定相同的   相同的
  2. 化学计量数之比

3. 单位时间内反应物浓度　生成物浓度　mol/(L·min)　mol/(L·s)
4. 浓度　压强　温度　催化剂　浓度　升高温度　使用催化剂　压强
5. 0.1
6. 0.3

二、选择题

1. B　2. C　3. B　4. D　5. C　6. B　7. A　8. A

三、判断题

1. ×　2. ×　3. ×　4. √　5. ×　6. ×

四、简答题

（略）

第二节

一、填空题

1. 同一　两个相反方向
2. 可逆　逆反应　质量分数　动态
3. 按正向进行程度　大　小　温度　浓度
4. 浓度　压强　温度　减弱这种改变
5. 没有影响　时间
6. 固态，放热反应　增大　增大
7. 变深　正反应方向　不

二、选择题

1. B　2. C　3. D　4. B　5. A　6. B　7. C　8. A

三、判断题

1. ×　2. ×　3. ×　4. √　5. √　6. ×　7. ×　8. √

四、简答题

（略）

第四章检测题

一、选择题

1. A　2. D　3. B　4. D　5. A　6. C　7. B　8. D　9. B　10. C　11. A　12. B　13. C
14. C　15. A　16. C　17. D　18. B　19. A　20. D

二、应用题

1. 略
2. ①平衡正向移动　②平衡正向移动　③平衡正向移动　④平衡逆向移动　⑤无影响
3. a. 黄　NaOH 消耗 H^+，使平衡向正反应方向移动

   b. 橙红　过量的 H_2SO_4 使溶液中 H^+ 浓度增大，平衡向逆反应方向移动

   c. 向正反应方向移动
4. 解：$A(g) + B(g) \rightleftharpoons 2C(g)$

	1.5	2	
初/mol	1.5	2	
Δn/mol	0.5	0.5	1
平衡/mol	0.5×2=1	0.75×2=1.5	0.5×2=1

所以，$n_{A(初)}$＝1.5 mol $n_{B(初)}$＝2.0 mol

第五章

第一节

一、填空题

1. ①⑦⑧　③　②⑤⑥

2. 减小　增大　相等　电离平衡

3. 平衡向电离方向移动　平衡向结合方向移动　平衡向结合方向移动

二、选择题

1. C　2. D　3. D　4. B　5. B　6. B　7. A

三、判断题

1. ×　2. √　3. ×　4. ×　5. ×　6. ×

四、应用题

1. 略

2. a. $(NH_4)_2SO_4 = 2NH_4^+ + SO_4^{2-}$

   b. $HF \rightleftharpoons H^+ + F^-$

   c. $NaHCO_3 = Na^+ + HCO_3^-$　　$HCO_3^- \rightleftharpoons H^+ + CO_3^{2-}$

第二节

一、填空

1. H^+　OH^-　$1×10^{-7}$ mol/L　$1×10^{-14}$　水的离子积

2. ③④①②

3. (1)酸　(2)碱　(3)酸

二、选择题

1. D　2. A　3. D　4. B　5. C　6. D　7. C

三、判断题

1. ×　2. ×　3. ×　4. √　5. ×　6. √

四、应用题

1. (略)

2. (略)

3. 11.7

第三节

一、填空题

1. 用实际参加反应的离子符号和化学式来表示离子反应的式子
2. $HCl+NaOH=\!=\!=NaCl+H_2O$ （一）
   $H^++Cl^-+Na^++OH^-=\!=\!=Na^++Cl^-+H_2O$ （二）
   $H^++HO^-=\!=\!=H_2O$ （三）
3. 质量　电荷

二、选择题

1. B　2. B　3. D　4. A　5. D　6. C　7. C　8. A

三、判断题

1. ×　2. √　3. ×　4. ×　5. √　6. ×　7. √

四、应用题

1. (1) ① HCl　② Na_2CO_3　③ $BaCl_2$　④ $AgNO_3$　(2) 略
2. 略

第四节

一、填空题

1. 组成盐的离子能跟水电离出来的 H^+ 或 OH^- 结合生成弱电解质　中和反应
2. 酸　碱　中
3. 稀 H_2SO_4　稀 $NaOH$ 溶液
4. 小于　酸　$NH_4^++H_2O \rightleftharpoons NH_3 \cdot H_2O+H^+$

二、选择题

1. B　2. B　3. D　4. C　5. A　6. C　7. B　8. C　9. D

三、判断题

1. √　2. ×　3. √　4. ×

四、应用题

（略）

第五章检测题

一、选择题

1. B　2. A　3. D　4. A　5. B　6. C　7. B　8. B　9. C　10. A　11. C　12. D　13. A　14. C　15. D　16. B　17. C　18. B　19. C　20. A

二、应用题

1. 2. 3. 4.（略）

第六章

第一节

一、填空题

1. 4/5　黑色金属　有色金属　Fe、Cr、Mn　除黑色金属以外的所有金属　4.5 g/cm³　4.5 g/cm³

2. 汞

3. 存在自由电子

4. Cr　W

5. 4　失去　阳　还原

6. 减弱　增强

7. 两种或两种以上的金属（或金属跟非金属）　金属特性

二、选择题

1. D　2. B　3. B　4. C　5. A　6. D　7. D　8. D　9. B

三、判断题

1. ×　2. ×　3. √　4. ×　5. √

四、简述题

略

第二节

一、填空题

1. Li、Na、K、Rb、Cs、Fr　1　失去　+1　还原

2. 银白色　小　小　低

3. $4Na+O_2 =\!\!=\!\!= 2Na_2O$　$2Na+O_2 \xrightarrow{\triangle} Na_2O_2$　$2Na+2H_2O =\!\!=\!\!= 2NaOH+H_2\uparrow$

4. 钠易与空气中氧气反应，生成了 Na_2O

二、选择题

1. C　2. D　3. A　4. D　5. B　6. D　7. A　8. C　9. C　10. D

三、判断题

1. √　2. √　3. ×　4. ×　5. ×　6. ×

四、应用题

1. 82%

2. 0.31 g　0.69 g

3. 略

4. 略

第三节

一、填空题

1. ⅢA   B   Al   Ga   In   Tl
2. 银白   轻   延展   导电   汽车、飞机、火箭等制造业以及日常生活
3. 3   +3   还原   4. 剧烈燃烧   耀眼白光   白烟
5. $KAl(SO_4)_2 \cdot 12H_2O$ 电离出的 Al^{3+} 能水解产生具有很强的吸附能力的 $Al(OH)_3$ 胶体
6. ①白色沉淀产生 $Ag^+ + Cl^- =\!=\!= AgCl\downarrow$
    ②有白色胶状沉淀产生 $Al^{3+} + 3NH_3 \cdot H_2O =\!=\!= Al(OH)_3\downarrow + 3NH_4^+$
    　　　　　　　　　　　$Mg^{2+} + 2NH_3 \cdot H_2O =\!=\!= Mg(OH)_2\downarrow + 2NH_4^+$
    ③白色沉淀产生 $Ca^{2+} + CO_3^{2-} =\!=\!= CaCO_3\downarrow$
    ④全部溶解   部分溶解 $Mg(OH)_2$
    　　$Al(OH)_3 + 3H^+ =\!=\!= Al^{3+} + 3H_2O$
    　　$Mg(OH)_2 + 2H^+ =\!=\!= Mg^{2+} + 2H_2O$
    　　$Al(OH)_3 + OH^+ =\!=\!= AlO_2^- + 2H_2O$

二、选择题

1. B   2. C   3. C   4. C   5. D   6. C   7. D   8. A   9. C   10. D   11. C   12. C

三、判断题

1. ×   2. ×   3. √   4. √   5. ×

四、应用题

1. 略
2. 略
3. 略
4. 78 g

第四节

一、填空题

1. 银白   金属   导电   导热   延展
2. 2   失去最外层电子   +2   次外   +3
3. 置换 H_2 $Fe + 2H^+ =\!=\!= Fe^{2+} + H_2\uparrow$
4. $Fe + CuSO_4 =\!=\!= FeSO_4 + Cu$ 强
5. 黑   红棕   铁红   磁   黑   磁性氧化铁
6. 难   亚铁盐和铁盐   碱
7. 铁粉   氯水   铁粉

二、选择题

1. C   2. C   3. D   4. A   5. B   6. D   7. D   8. B   9. C   10. B   11. C   12. D   13. B
14. C   15. C

三、判断题

1. ×   2. ×   3. ×   4. ×   5. ×   6. ×   7. √

四、应用题

略

五、计算题

0.2 mol/L

第五节

一、填空题

1. 氧化还原   化学   电

2. 负   氧化   氧化   正极   还原反应

3. Zn 棒   失去   氧化 $Zn-2e^-=Zn^{2+}$ Cu 棒   还原反应 $2H^++2e^-=H_2\uparrow$

4. 周围液体或气体物质   电化学腐蚀   化学腐蚀   电化学腐蚀   化学腐蚀   电化学腐蚀

5. 铁   Fe $Fe-2e^-=Fe^{2+}$

6. 改变金属的内部组成结构   覆盖保护层   电化学保护法

7. 镀锌的铁皮   镀锡的铁皮   马口铁

8. 碳棒   锌 NH_4Cl $ZnCl_2$ 还原反应

二、选择题

1. C   2. D   3. C   4. C   5. B   6. C   7. B

三、判断题

1. √   2. ×   3. √   4. √

四、略

第六章检测题

一、选择题

1. C   2. D   3. C   4. D   5. C   6. B   7. C   8. C   9. C   10. C   11. C   12. C   13. D

14. C   15. C   16. A   17. D   18. D   19. C   20. B

二、应用题

1. ① Na_2CO_3 ② 106 g

2. 8.2 g

3. 略

4. 略

第七章

第一节

一、填空题

1. 有机物   碳

2. 碳氢化合物及其衍生物的组成、结构、性质及其变化规律

3. 易　容易　二氧化碳和水

4. 略

5. 三　碳碳单键　碳碳双键　碳碳三键

6. 4

二、判断题

1. ×　2. ×　3. ×　4. √　5. ×　6. ×

三、应用题

略

第二节

一、填空题

③　④　①　②　⑤

二、选择题

1. D　2. C　3. D　4. B　5. C　6. C　7. A　8. D　9. B　10. C　11. B　12. C　13. C　14. D　15. D

三、判断题

1. ×　2. √　3. ×　4. ×

四、计算题

CO_2：0.5 mol；H_2O：1 mol

第三节

一、填空题

1. $nCH_2=CH_2 \xrightarrow[\text{催化剂}]{\text{高温高压}} \{CH_2-CH_2\}_n$，加聚反应

2. $CH_2=C-CH_2-CH_3$
$\quad\quad\quad |$
$\quad\quad\quad CH_3$

3. $CH_3CH_2OH \xrightarrow[170℃]{\text{浓}H_2SO_4} CH_2=CH_2\uparrow + H_2O$　1:3　浓H_2SO_4　酒精　催化剂　脱水剂　$CH_3CH_2OH + 2H_2SO_4(\text{浓}) \xrightarrow{\triangle} 2C + 2SO_2\uparrow + 5H_2O$　NaOH

二、选择题

1. D　2. A　3. D　4. D　5. C　6. B　7. B　8. B　9. D　10. D　11. C　12. C　13. C　14. C　15. C

三、判断题

1. ×　2. ×

四、计算题

$CH_2=CH-CH_3$

第四节

一、填空题

1. C_nH_{2n-2}
2. CH_4
3. 三
4. $CaC_2 + 2H_2O \longrightarrow Ca(OH)_2 + C_2H_2\uparrow$

二、选择题

1. D 2. D 3. D 4. C 5. A 6. C 7. D 8. D 9. D 10. B

三、判断题

1. × 2. ×

第五节

一、填空题

C_7H_8

二、选择题

1. D 2. B 3. C 4. B 5. B 6. D 7. B 8. A 9. C 10. B 11. C 12. B 13. B
14. B 15. B 16. A

三、判断题

1. √ 2. √ 3. × 4. × 5. ×

四、应用题

第七章检测题

一、单选题

1. C 2. C 3. D 4. B 5. B 6. A 7. A 8. B 9. C 10. C 11. C 12. D 13. D 14. B 15. D 16. A 17. C 18. B 19. D 20. A

二、计算题

1. $CH_3-\underset{\underset{CH_3}{|}}{\overset{\overset{CH_3}{|}}{C}}-CH=CH_2$

2. 略
3. 略
4. 略

第八章

第一节

一、填空题

1. CH_3CH_2OH 70%～75%
2. C_2H_5OH CrO_3 C_2H_5OH
3. 2

二、选择题

1. B 2. A 3. A 4. C 5. C 6. A 7. D 8. A 9. C

三、判断题

1. × 2. √ 3. ×

第二节

一、填空题

1. NaOH 酒精
2. (1) 上橙色下无色
   (2) 白色沉淀
   (3) 褪色分层
   (4) 无明显现象
   (5) 变橙黄色
   (6) 溴水褪色

二、单选题

1. D 2. C 3. B 4. B 5. B 6. B 7. C 8. B 9. D 10. A

三、应用题

1. 略
2. 略

第三节

一、填空题

1. 碳碳双键,醛基 2
2. 生成蓝色悬浊液,然后生成砖红色沉淀

   $CH_3CHO + 2Cu(OH)_2 \xrightarrow{\triangle} CH_3COOH + Cu_2O\downarrow + 2H_2O$ 醛 醛基

二、选择题

1. D 2. A 3. A 4. D 5. C 6. A 7. D 8. A 9. B 10. C 11. B 12. A 13. D 14. B 15. D

三、应用题
   1. √ 2. × 3. √
四、计算题
   CH_3CH_2CHO

第四节

一、填空题
1.(1) A、C (2) A、B、C (3) D
2. 新制 $Cu(OH)_2$　加热　$FeCl_3$ 溶液
   A. 乙醇 B. 苯酚 C. 乙酸 D. 乙醛

二、选择题
1. D 2. D 3. A 4. B 5. C 6. C 7. D 8. D 9. A 10. D 11. C 12. C 13. A
14. A 15. D

三、判断题
1. √ 2. √ 3. × 4. ×

第八章检测题

一、选择题
1. B 2. A 3. B 4. D 5. B 6. B 7. A 8. D 9. A 10. C 11. C 12. B 13. D
14. B 15. D 16. B 17. A 18. B 19. A 20. C

二、应用题
1. ① 碳碳双键，羟基
   ② ─[CH₂─CH]ₙ─
   　　　│
   　　　CH─CH₂OH
   　　　│
   　　　CH₃
   ③ 略
2. 略
3. $HCOOCH_3$　　CH_3OH　　$HCOONa$　　$HCHO$　　$HCOOH$
4. 略

第九章

第一节

一、填空题

1. $(C_6H_{10}O_5)_m + mH_2O \xrightarrow{催化剂} mC_6H_{12}O_6$

   $C_6H_{12}O_6 \xrightarrow{催化剂} 2CH_3CH_2OH + 2CO_2$

2. $(C_6H_{10}O_5)_m$　不　多　甜　不能　水解　葡萄糖
3. 单糖　3　1080

二、选择题

1. C　2. A　3. D　4. D　5. C　6. D　7. B　8. B　9. B　10. C　11. C　12. B　13. D
14. B　15. B　16. C　17. C　18. A　19. D　20. B

三、简答题

(1) A. 淀粉溶液　　B. 葡萄糖溶液　　C. 甲酸乙酯　　D. 蔗糖溶液
(2) 略

第二节

一、填空题

1. 水解　氨基酸　葡萄糖　淀粉　蛋白质
2. (1) C、H、O、N　氨基酸　氨基酸
　(2) ①有沉淀析出　盐析
　　②有沉淀析出　变性
　　③变为黄色　颜色

二、选择题

1. B　2. D　3. D　4. A　5. D　6. D　7. D　8. B　9. D　10. B　11. A　12. D　13. A
14. A　15. A

三、简答题

(1) A　蛋白质　氨基酸
(2) 葡萄糖　果糖
(3) C

第九章检测题

一、选择题

1. D　2. C　3. B　4. D　5. C　6. B　7. C　8. A　9. D　10. B　11. A　12. D　13. A
14. B　15. C　16. A　17. C　18. C　19. C　20. A

二、解答题

1. (1) ③⑤　　(2) ③　　(3) ⑥　　(4) ①②
2. ①bB　②aA　③eF　④fD　⑤dc　⑥cE
3. 1∶3
4. (1) 水解反应　(2) 酯化反应　(3) 取代反应

第十章

检测题

一、填空题

1. 高分子化合物　高分子　几万　几百万　天然　合成　天然　合成
2. 线型(链状)　体型(网状)　支链　支链
3. 塑料　合成纤维　合成橡胶
4. 合成树脂　增塑剂　防老化　热塑性　热固性　热塑性　热固性
5. 天然纤维　合成纤维　天然　合成
6. 废弃塑料制品造成的污染　水　土壤　大气污染　减少使用　回收利用　使用易分解的新型材料

二、选择题

1. C　2. C　3. C　4. B　5. B　6. B　7. C　8. A　9. D　10. B　11. C　12. D　13. D
14. D　15. A　16. C　17. B　18. D　19. A　20. C

三、解答题

1. ① 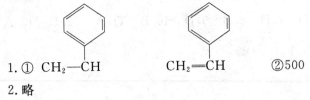　 ②500
2. 略
3. 略
4. (1) CB　(2) DE　(3) F　(4) D　(5) G

综合测试题（一）

一、单选题

1. B　2. C　3. D　4. C　5. C　6. D　7. C　8. C　9. A　10. C　11. D　12. C　13. D
14. D　15. B　16. B　17. B　18. D　19. B　20. C

二、应用题

1. (1) 16　(2) ①②⑤③④⑥　(3) 偏高　(4) 平视

2. (1) CH_3CHO　CH_3CH_2OH　CH_3COOH

    (2) $CH_3CHO + H_2 \xrightarrow[\triangle]{Ni} CH_3CH_2OH$

    $CH_3CHO + O_2 \longrightarrow 2CH_3COOH$

    $CH_3CH_2OH + CH_3COOH \underset{\triangle}{\overset{浓 H_2SO_4}{\rightleftharpoons}} CH_3COOCH_2CH_3 + H_2O$

3. 1.792 L
4. (1) pH＝3　(2) 50 mL

综合测试题(二)

一、单选题

1. B 2. D 3. B 4. D 5. C 6. B 7. C 8. B 9. B 10. A 11. C 12. D 13. B 14. A 15. A 16. B 17. D 18. D 19. D 20. A

二、应用题

1. (1)因为煤油密度比水小

   (2)易与汗液反应,灼伤腐蚀皮肤

   (3)钠的密度比水小,熔点低

   (4)钠与水反应生成了气体

   (5)$2Na+2H_2O=\!=\!2NaOH+H_2\uparrow$

2. CH_3CHO CH_3COOH CH_3CH_3 $CH_2=\!=\!CH_2$ CH_3CH_2OH

3. (1)$MnO_2+4HCl(浓)\xrightarrow{\triangle}MnCl_2+Cl_2\uparrow+2H_2O$

   (2)11.9 mol/L

   (3)2.24 L

4. 20 吨